中公文庫

幸せガイドブック

傾斜宮占い

中津川りえ

中央公論新社

幸せガイドブック
傾斜宮占い

◆

目次

◆ 便利な宮別索引

幸せガイドブック

傾斜宮占い

はじめに

集合写真でまず自分の顔をさがすように、私たちは自分の存在を確認したいという気持ちを持っています。人は自分がどんな人間か知りたいのです。その方法の一つが占いによる自己確認です。

若い人は恋愛、中年は仕事、高齢者は健康問題というように年代によって関心事がはっきりしています。そして、すべての年代に共通しているのは人間関係の悩みや迷い、問題です。

人生で、どんな人と出会うかはとても大切なことです。ラッキーは人が運んできてくれますし、よい人とよい関係を結ぶことは幸せへの第一のカギです。

人の心は氷山のようです。海上に氷山として見えているのはほんの10パーセントで、あとの90パーセントは海中にあって見えません。同じように、意識で心をコントロールしているように感じても、実はより大きく無意識に支配されています。

この本でご紹介する「傾斜宮占い」は、人の心や考え方の傾向、人間関係の本質をみることをもっとも得意としています。表面だけではわかりにくい本音、考え方の傾向など、自分でも気づかなかったところにまで傾斜宮の光は届き、相手の内面をも照らし、人間関係を読み解くことができます。

すべての人は、生年月日によって、九つの傾斜宮に分類されます。

第一章では、あなたの傾斜宮の性格や基本運が書かれています。

第二章では、対人関係に的を絞って、相性と対処法が説かれています。人は人と出会って運が開けていくもの。よい人との最高の出会いを願い、人間関係のコツを示してあります。

第三章では、傾斜宮ごとにバイオリズムを解説しています。運は九年サイクルで循環していきます。一年ずつ心の持ち方や暮らし方を変えていかなくてはなりません。年ごとに、幸せになるためのポイントを具体的に書いてありますので、バイオリズムにしたがって、強運と元気を引き寄せてください。

第四章では、必勝・開運法をご紹介します。まずやる、具体的に実行する。よい行動をすることによって吉の波動が起こり、周りの人たちを惹《ひ》きつけ、幸せの輪が広がります。

いつも「傾斜宮占い」を身近に置いて、吉運の窓を開け、明るい未来を切り拓《ひら》いていただけましたら嬉しく思います。

「傾斜宮占い」とは何か

この本を手にとってくださった読者の皆さんは、「傾斜宮」という言葉を今まで耳にされたことがあるでしょうか。もともと古代中国の思想にルーツを持つ九星術《きゅうせいじゅつ》（東洋の占星術）から日本で発展した気学（大気現象学の略）の言葉です。

私は1998年に『婦人公論』で初めてこの「傾斜宮占い」を発表して以来、同誌での連載や、同誌別冊『日めくり傾斜宮占い』などで、傾斜宮というものを紹介してきました。ここで改めて、「傾斜宮占い」についてできるだけ簡単にご説明したいと思います。

◆源は、古代中国の哲学

人がおぎゃあと生まれて最初にするのは、息をすること。生まれた瞬間に、この世で初めて体に取り入れた大気の「気」は、一生その人について回ります。この世を生き始めた赤ん坊は、体を震わせ力いっぱい泣きながら、「気」を体の隅々まで巡らせていきます。

もし息をしていなかったら、お医者さんは赤ん坊のお尻をぴたぴた叩いて、呼吸を促します。赤ん坊が大気を吸って元気に泣くと、お母さんも周りの人たちも皆ほっとして、祝福をすることでしょう。それほど重要な「息、いき」は、「生きる気」「命の気」であり、生きていく源です。

「気」には、木《もく》・火《か》・土《ど》・金《きん》・水《すい》という五つのタイプがあって、これを古代中国の哲学では五行《ごぎょう》といいます。気のタイプが合えば、「あの人と気が合う」といい、気のタイプが合わなければ、「あの人とは気が合わない」というように、それぞれに特徴があります。

人間のみならず、自然界、宇宙のすべてのものを五つの気（木火土金水）に還元し、その本質を明らかにしていこうという考え方が、五行思想です。気があふれていることを「元気」、気が活発に動いていることを「活気」というなど、「気」のつく言葉は、ふだんの暮らしに深く根づいています。また、天気が変わるのは天の大気がさまざまに循環するからで、私たちは毎日、気の変化を肌で感じ、心で受け止めて生活しています。

一年は地球が太陽を一周する時間のことで、一周するごとに気の質が変わります。また、一か月は月が地球を一周する時間のことで、一周するごとに気の質も変化します。人は生まれた瞬間に入ってきた「気」の影響を受けますから、生まれ年と生まれ月の気がそれぞれどのような性質かを知れば、自分の性格や運勢の基本がわかるのです。

その際、大切なのは、「生まれ月の気」を中心にみることです。月を中心にしてみるなら、一年間に12回異なった気が巡っています。微妙な月光の気は、人の心の奥深くまで作用して、より深い内面や考え方の傾向を照らし出します。

気はまた、九つの方位に配置されます。そこで、生月の気を中心に、取り巻く八つの気の配置と生年の気がある方位を見てみると、ある一定の角度＝傾斜が生じます。この傾斜に「宮」（「天球の区分」という意味。西洋占星術で使われる「座」と同じようなものと理解してください）という言葉をつけてあらわしたものが、「傾斜宮」です。

すなわち、生月から見て生年の気が北にある時を「坎宮《かんきゅう》」、北東にある時を「艮宮《ごんきゅう》」、東にある時を「震宮《しんきゅう》」、東南にある時を「巽宮《そんきゅう》」、南にある時を「離宮《りきゅう》」、南西にある時を「坤宮《こんきゅう》」、西にある時を「兌宮《だきゅう》」、西北にある時を「乾宮《けんきゅう》」、真上にある時を「中宮《ちゅうきゅう》」と名づけました。

◆人物の性格や考え方の傾向をよくとらえる

生年の気、生月の気を組み合わせて導かれるそれぞれの「傾斜宮」は、その人の考え方の傾向や性格を見事にあらわしています。

「坎宮」の人は、水の気を持ち、冷静、物事の本質を見抜く才能を与えられています。

「艮宮」の人は、土の気を持ち、それは城のような見上げられる場所にある土ゆえに、誇り高い心を与えられています。

「震宮」の人は、若い木の気を持ち、竹のしなやかさと、草原の若々しさと、鋭い直感力を与えられています。

「巽宮」の人は、大木の気を持ち、年輪を重ねるほど太くなるたくましさと、木の葉の間を吹き抜ける風の軽やかさを与えられています。

「離宮」の人は、火の気を持ち、燃え上がる勢いと華やかさ、名誉が与えられています。

「坤宮」の人は、土の気を持ち、着実に力を蓄える才能が与えられ、稲や果実の収穫をもたらす大地の力を与えられています。

「兌宮」の人は、金の気を持ち、その色は光り輝くゴールドで、社交性と、自分も楽しみ他人も楽しくさせる力を与えられています。

「乾宮」の人は、金の気を持ち、その色は高貴なプラチナで、完全主義的な強い力を与えられています。

「中宮」の人は、土の気を持ち、四方八方に通じている道のように万能で、あらゆることに優れた気配りができる力が与えられています。

生年・生月を基にして割り出される「傾斜宮」は、一生変わりません。では、傾斜宮でその人の一生が決められてしまっているか。そうではありません。毎年巡ってくる年の気が変わりますし、月の気も変わります。そこで人間をより深く詳しくみるために、私は「傾斜宮」にさらに「易」を加味しています。

◆中津川流が生まれるまで

私は十代の頃から『易経《えききょう》』に親しんできました。その魅力は何といっても、二つの顔を持っている面白さです。一つは占いとして、もう一つは儒教思想の経典としての顔です。

実用本と思想書とはまったく性格が違いますから一冊の本になるはずがありません。それが両方を兼ね備えているというのです。

つまり一つの文章が、占いの答えにもなり、儒教の教えも説いているのですから、最初はとても不思議に感じました。

易経《えきせん》って何だろう？　そこで、私は両方を知りたくて、大学で思想面を、授業が終わると易占教室へ通って実用面を学びました。そして社会に出てからもずっと教室へ通い続け、さまざまな占法を学び、東洋的な考え方に分け入っていきました。

その中で、陰陽《いんよう》五行や気学から導かれる「傾斜宮」と、『易経』を組み合わせると、これまでの傾斜宮では解けなかったことが、絡み合った複雑な糸がするするとほどけていくように、見えてきたのです。さらに工夫を重ねて「中津川流・傾斜宮占い」を編み出しました。

もう少し「易」の話をしましょう。

私たちの生活は一瞬たりとも同じではありません。出会った瞬間に一目ぼれしたり、失敗と思ったことが成功のきっかけになったり、得意の絶頂からどん底へ落ちたりと、すべては変化し、巡り、循環し、決して止まることがありません。こういう千変万化の様相に『易経』は生き生きと対応します。

易の世界は陰陽の組み合わせでできています。宇宙の始めは混沌《こんとん》としていますが、やがて陰と陽に分かれます。さらに二回、陰陽が分かれていくと八種類の陰陽の組み合わせができます。この八種類（一つ一つを卦《か》という）が基本形で、八卦《はっか》と呼ばれます。天地万物は八卦を組み合わせた六十四の様相であらわされます。一つの様相には六つの働きがあって、全部で三百八十四の働きがあり、それらは常にぐるぐると動き、終わりがありません。ですから、『易経』の本は「未済《びせい》」で終わります。つまり「終わったと思っても、実はまだ終わっていない、また始まるのだよ」と言っています。

このように循環していく世の中と易経の仕組みは重なっています。ですから、人の心も社会の出来事もすべて易経で読み解くことができます。しかも具体的に答えや方向を示してくれます。

偉大な実用書。これが『易経』が何千年も生き続けてきた秘密で、今の私たちの生活のさまざまな場面にも根づいています。たとえば、「観光」「革命」「既製品」「一陽来復」「虎の尾を踏む」などは『易経』から出た言葉です。

果てしない宇宙の気・太陽と月の周期・地球の方位・人間の誕生に、自由自在の『易経』を当てはめた「中津川流・傾斜宮占い」は人の心を深く照らし、幸せになる対処法を具体的にお教えします。

あなたの傾斜宮を確認しましょう

「傾斜宮」の割り出し方はとても簡単！　面倒な方式や計算は必要ありません。生年月日さえわかれば、あなたの、家族の、気になるあの人の傾斜宮を、簡単に調べることができます。

◆傾斜宮の出し方

次ページの早見表で、自分の生年（T＝大正、S＝昭和、H＝平成。生年が表にない場合は、この配列に従って当てはめてください。たとえばT7はS2の列、T6はS元の列に、H21はH12の列になります）と、生月日（1／1〜1／5は短い区切り、1／6〜3／5は長い区切りになっていますが、間違いではありません）の交わったところが、あなたの傾斜宮です。

例＊昭和45年2月3日生まれの場合、傾斜宮は「震宮」になります。

各宮の読み方

坎宮＝かんきゅう　艮宮＝ごんきゅう　震宮＝しんきゅう
巽宮＝そんきゅう　離宮＝りきゅう　坤宮＝こんきゅう
兌宮＝だきゅう　乾宮＝けんきゅう　中宮＝ちゅうきゅう

◆傾斜宮早見表

生年＼生月日	S2 S11 S20 S29 S38 S47 S56 H2 H11 H20	S元 S10 S19 S28 S37 S46 S55 H元 H10 H19	T14 S9 S18 S27 S36 S45 S54 S63 H9 H18	T13 S8 S17 S26 S35 S44 S53 S62 H8 H17	T12 S7 S16 S25 S34 S43 S52 S61 H7 H16	T11 S6 S15 S24 S33 S42 S51 S60 H6 H15	T10 S5 S14 S23 S32 S41 S50 S59 H5 H14	T9 S4 S13 S22 S31 S40 S49 S58 H4 H13	T8 S3 S12 S21 S30 S39 S48 S57 H3 H12
1/1～1/5	乾	巽	坤	離	兌	中	震	坎	艮
1/6～3/5	兌	中	震	坎	艮	乾	巽	坤	離
3/6～4/4	艮	乾	巽	坤	離	兌	中	震	坎
4/5～5/5	離	兌	中	震	坎	艮	乾	巽	坤
5/6～6/5	坎	艮	乾	巽	坤	離	兌	中	震
6/6～7/7	坤	離	兌	中	震	坎	艮	乾	巽
7/8～8/7	震	坎	艮	乾	巽	坤	離	兌	中
8/8～9/7	巽	坤	離	兌	中	震	坎	艮	乾
9/8～10/8	中	震	坎	艮	乾	巽	坤	離	兌
10/9～11/7	乾	巽	坤	離	兌	中	震	坎	艮
11/8～12/7	兌	中	震	坎	艮	乾	巽	坤	離
12/8～12/31	艮	乾	巽	坤	離	兌	中	震	坎

※本書の文中では、「1月生まれ」とは1／6～2／3生まれのことをさします。「2月生まれ」は2／4～3／5生まれのことをさします。以下同様に「3月生まれ」（3／6～4／4）、「4月生まれ」（4／5～5／5）、「5月生まれ」（5／6～6／5）、「6月生まれ」（6／6～7／7）、「7月生まれ」（7／8～8／7）、「8月生まれ」（8／8～9／7）、「9月生まれ」（9／8～10／8）、「10月生まれ」（10／9～11／7）、「11月生まれ」（11／8～12／7）、「12月生まれ」（12／8～12／31）とします。「1／1～1／5生まれ」はそのまま表記されます。

第一章　各宮の基本運勢

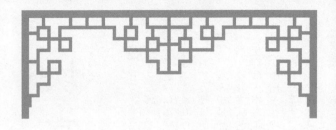

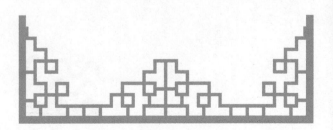

坎宮

かんきゅう

◆「坎」とは？

坎は、カンと読み、土偏に欠と書きます。土が欠けると凹《へこ》む。坎は「凹んだ穴」という意味です。凹みに水がたまり、湖、川、海などになることをあらわします。

東洋には「陰陽《いんよう》五行《ごぎょう》」という世界観があります。

そのうち、万物は陰と陽の二つの気から生じるとする「陰陽」説でみると、坎は陰陽陰（☵）。真ん中に一本強い陽が通っていて、これは人間の体でいうと背骨、心でいうと強い精神力を示しています。

また坎宮は、木火土金水の五つの気「五行」のうち、「水気」にあふれています。

さらに、中国古代の書『易経』の中に六十四種類の卦《か》があって、その一つに「坎為水《かんいすい》」という卦があります。坎を水とする、という意味で、あなたの宮の本質は「水」にあります。シンボルマークは「水と波」です。

坎宮のイメージと性格

「坎宮」のあなたのイメージは、「井戸の底でスイカを冷やす哲学者」です。

哲学者が、好物のスイカを汲《く》めども尽きない井戸の底で冷やしています。スイカを食べた後には種が残り、次世代へ命をリレーしていくように、「坎宮」は原点、誕生、生命の始まり、ことの始まりにかかわっています。

あなたは哲学者のように、全宮中もっとも深く考える知恵の人で、物事を冷静に見ています。また、スイカを一切れずつ皆に分け与えるように、ボランティア的な役割、縁の下の力持ち的な役割を担っています。

あなたの強みは、流水、止水、お湯、雪、氷など状態は異なっても「水は水」で、器が変わっても水そのものの本質は変わらないように、相手が変わろうと状況が変わろうと、信念を曲げずに考えを貫き通すことです。ふつうは信念を貫こうとするとつい固執してしまい、頑固一徹なおやじ、肩をいからせた女性、という意固地なイメージになりやすいのですが、あなたは違います。水の流れのように自然に自分の希望を通してしまうしなやかさがあります。まるで「方円の器」に合わせて水がおさまるように、自分と違う考えにも、肌合いの異なる人にもすんなり合わせることができます。そして水のように沁《し》み込んで、自分に関係があることとないことの線引きがはっきりしているのはいいのですが、「井戸の外へ向かって思いを発信してください。

空気が入ってこなくなり、ますます内に向かうようになってしまいますので、時々、井戸

注意点は、深い井戸の底にいるゆえにストレスをため込みやすいことで、それでは外の

ま、あやつり人形のように動かされることは不快なのです。

るのが苦手です。自分の中で考えてから行動するタイプですから、納得する時間がないま

どちらのタイプの坎宮も、即答を求められたり、突発的に即行動せよと指令されたりす

ことです。

この人にとって大切なのは一般受けすることではなく、少数の人に深く理解してもらえる

「深く沁み入る」探究心が強く出ると、広くを求めず、少量でも上質のものを求めます。

さ、したたかさが持ち味になるでしょう。

ことはなく、いったん引いてあきらめたように見えても、波のように寄せては返すしぶと

「方円の器」に合わせる面が強く出ると、柔軟性と社交性がありつつも自分の芯を変える

坎宮には「方円の器」に従う柔らかさと、「深く沁み入る」探究心の両面があります。

本心はどこにあるの、と思われてしまうこともあります。

一方、どんな相手をも受け入れる包容力があるために、周りから、つかみどころがない、

相手の心の動きを読み取ります。

の中の蛙《かわず》」にならないよう気をつけて。自分はこれがいいのだ、と周りを囲ってしまうと、外界をシャットアウトしかねません。世間は世間、自分は自分となってしまわないよう、たとえば挨拶の声がけは絶対ににこやかにする、つまらなくても30分間だけは相手の話を聞く、などを心がけることで、ゆったり満々と水をたたえた風格がそなわってきます。

困難な事態が生じるのは、井戸の中から出る方法を見失った時です。そこから這い出るためには「はしご段」的な人が必要で、自分を外界へ引っ張り出してくれる仲間、友人、方法を持つこと。「大きく太いはしご段」は必ずあらわれます。

運を伸ばすために心がけたいのは、いい意味での「執着」です。範囲は狭くていい、こだわってその分野の第一人者を目指すと価値が認められ、評判が高まって満足を得られます。一つのことに成功し、それを守ることができるなら、他は水の流れに任せるようにほどほどに進みましょう。

また、あなたは神仏に助けられる人でもあります。もはや人では間に合わなくなった時、救いの糸を垂らしてくれる神仏が控えていますので、日ごろから人智《じんち》を超えた絶対的な存在や自然の威力、神仏を感じ取り、幸せの糸を握っていてください。

◆より詳細な運の強弱と個性

1／1〜1／5生まれの坎宮　隠し事と賭け事はマイナス。転職が波乱を招きやすいので仕事は慎重に決めてください。健康面は不整脈に注意。

1/6~2/3生まれの坎宮　友人関係が心の財産で、人生の喜びが倍増します。小遣い運が吉で融通がつきますから、自分も周囲もともに楽しむことに投入してください。健康面は立ちくらみ、貧血に注意です。

2/4~3/5生まれの坎宮　幸運のカギは他人が持ってきてくれますし、仕事面では上司に恵まれます。身内を頼らないのが運気上昇のコツ。健康面は肩コリのような慢性不調に注意。

3/6~4/4生まれの坎宮　活躍の場は外国より国内、それも地元や身近なところにあります。身内縁が深いので、一族のまとめ役になるつもりでがんばってください。健康面は風邪を長引かせないで。

4/5~5/5生まれの坎宮　自分の中に発電所を持っているかのように強いエネルギーを内蔵しています。天に与えられた役目を自覚して一筋に進むと、献身的なブレーンがあらわれ、強い坎宮の代表格になります。健康面は目、頭部に注意。

5/6~6/5生まれの坎宮　バランスのとれた運の持ち主で、直感が鋭く的を射ています。仕事とプライベートをはっきり分けるのが成功のポイントで、友人関係は順調。健康面は過労に注意。

6/6~7/7生まれの坎宮　強い仕事運があるので、評判と信用を高めることを第一に進んでください。仕事に自信がつくと他のすべての運にいい影響を与えます。健康面は貧血に注意。

7/8〜8/7生まれの坎宮　安定した運の持ち主で、低調の時でもそれを補うアイデアやひらめきがあり、周囲の応援と励ましを得られます。ただし仕事面は信用問題に気をつけて。健康面は不整脈をチェック。

8/8〜9/7生まれの坎宮　独立心があり、明るさが人気を呼び周囲に人が集まってきます。実家との関係は、連絡がないのは無事の証拠、くらいの気持ちで。健康面は再発しやすい病気に注意です。

9/8〜10/8生まれの坎宮　バランスのとれた運の持ち主ですが、友人関係は慎重に。節度なく甘えたり深入りしたりしやすいので、金銭などの貸し借りは絶対せずに一定の距離を保ってつき合うこと。健康面は突発的な体調不良に注意してください。

10/9〜11/7生まれの坎宮　先祖の大きな力に守られ、名誉運にも恵まれ、不動産収入を得る可能性が高い人です。健康面は切り傷、流行病に注意。

11/8〜12/7生まれの坎宮　平和の星を与えられていますから、トラブルがあっても大事件に至らず解決します。仕事を手放さないで続けていくと、友人運に恵まれ一生の宝に。健康面は肩や首のコリをほぐしてください。

12/8〜12/31生まれの坎宮　決断力があって希望を失わない人ですから、いいところへ着地します。仕事とプライベートを混同してはいけません。健康面では準備運動を十分に、また骨折に気をつけて。

坎宮の愛情運

あなたの愛は、妖精のようにソフトで相手をリラックスさせます。パッと花火を打ち上げるような派手な愛情表現は似合いませんが、思いやりが深く、永続性があり、好きになったら一度や二度ふられたくらいでは簡単にあきらめません。たとえ表面的にはあきらめたように見えても、相手がその気になった時、いつでも愛を受け入れることができるように、粘り強く思い続けます。

恋人を探すなら、恋人募集中の看板を胸にかけて、やりすぎくらいの気迫でアピールしてください。そうしないと、もう相手が決まっていると思われてしまいやすいのです。愛情運を強くするポイントは「清潔感」で、とくに下着や見えないところを清潔に。また女性は玉の輿《こし》にのる縁を、男性は逆玉の輿にのる縁を持っています。

交際中は、自分の世界も、相手の世界も大切に思いやってください。気をつけるのは、気持ちを合わせることが巧みなために、かえって相手が不安になる時があることです。あなたの愛がどこまで深いのか測りきれなくなって、疑いのらせん階段におちいると亀裂が生じます。結婚間近になったら、二人で一つの人格ではなく、独立した二つの人格が助け合って一緒に暮らすのだということを、今一度肝に銘じてください。

事実婚や、同棲することになった場合は、そのままの状態が続いていくことが多いのです。でも、けじめをつけなくてはいけないポイントがあります。それは妊娠した時で、挙式や披露宴はしなくてかまいませんが、入籍あるいは子どもの認知はきちんとしてください。子どもがあなたの運バランスを整えてくれるキーマン、軌道修正する存在になってくれるでしょう。

坎宮はあまり形式にはとらわれません。結婚が愛のゴールと強くは考えませんから、周囲の不倫にも大らかで受容的です。不倫関係におちいった場合、水面下で愛を育むことができます。暴露されて修羅場になったり、世間の目にさらされたりすることは少ない宮です。

愛を清算したくなったなら、潮が引くようにゆっくり心を閉じて、相手が身を引いていくよう、あきらめるよう仕向けてください。愛が去ったのち友情が残る、穏やかな関係を保つこともできます。逆にこじらせてしまうと、清算どころかしこりになって長引きます。

別れてしまった後は、失恋の後遺症が長く尾を引き、なかなか次の愛に飛び込むことができませんし、新しい愛で過去の愛の傷を癒やすような器用なこともできません。悲しみの涙壺がかわくまで、当分そのまま一人でいる。当分というのは、その年を入れて3年間。

つまり今年失恋したら翌年は沈没していて、翌々年に新しい恋の準備を整え、それ以降にジャンプ。

坎宮の家庭運

あなたの家庭への思いは深く、家族と強い絆で結ばれています。また、子どもを深く愛して可愛がる人です。

大家族で暮らしている場合は、自分一人の城を持ちつつ、周囲にゆるやかに合わせていけますので、精神的に楽に過ごすことができます。

小家族の場合は、親子が川の字になって寝るような家庭運で、子ども中心に物事を運ぶと、よりうまくいきます。子どもがいない場合は、ペットを飼う、親の介護をするなど、一緒に面倒を見るべき対象がいることによって夫婦の気持ちが寄り添い、会話が弾《はず》み、絆が強くなります。とはいえ、常にダンゴ状態で行動していると息苦しく感じてしまうので、時々、息抜きする場所と時間を持ってください。

嫁姑関係は吉です。あなたが嫁の立場なら、姑に知恵を教えてもらう態度で接すると、実用面で役に立ちます。あなたが姑の場合は、自分の生活スタイルを淡々と守っていれば、嫁のほうから、教えて、とやってきますが、この時、説教調にならないよう気をつけましょう。

実家との関係は、親や兄弟姉妹の優しさに甘えすぎないでください。

ご近所づき合いは、挨拶を丁寧に、天気の話もさりげなくつけ加え、やんわりとしたムードでゆるやかにつながっていて吉です。複雑な相談にはのらないで、町内の苦情係にさ れないよう気をつけましょう。

家庭の円満法として、記念日、祝日、仕事の区切りがついた時に、いつもと雰囲気の違うところへ食事に行ったり、感謝のメッセージを伝えると大吉。小花を室内に飾るのは吉でも造花は不可、必ず生花を。こういう小さなイベントを意識的にもうけて感謝と愛を伝え続ける。そして正月行事、故郷への墓参り、実家訪問などを大切にしてください。面倒だからと家の行事を省略しては、次第に愛が漏れていってしまいます。

注意点として、わかっていてくれるはず、という思い込みは大間違いです。言葉に出しても伝わらないことがあるのに、まして言葉に出さないではわかってもらえるはずがありません。省略せず、察しすぎず、言葉で気持ちを伝える努力をしてください。海の表面は荒れていても海底は静かなように、問題が生じても愛は深いところでしっかりつながっていますので、愛情の水脈を断たないようにしてください。

また謙遜の意味で日本人がよくやることですが、人前で「うちの愚息」「愚妻です」などと口が裂けても言ってはなりません。また言わせないようにしましょう。

坎宮の仕事運

あなたは、水がどんな隙間《すきま》へも沁みていくように、他の人が気づかない細かいところまで神経を配る人です。探究心がありますから、職種を問わず、その分野の知恵袋のような存在になりますし、またそうなるように努力してください。

適職は、学者、研究者のような仕事で、優れた業績を上げることができます。それに加えて洞察力と、場の雰囲気を読む力があるので、カウンセラー、アドバイザー的な仕事にも向いていますし、医学、法律、宗教関係も吉です。

好きなことにとことんのめり込み独学で道を極める心意気があり、その道で一流の専門家になる人でもあります。また坎宮は「水の宮」ですから、水、川、海に関する仕事、水産関係に縁があります。

さらに、大物の懐刀のような優れた補佐役になる能力を持っています。準備や根回し、手配が巧みで、このようなアレンジ役の人が職場にいると潤滑油《じゅんかつゆ》のような役目を果たして、全体がスムーズに回っていくでしょう。

不向きなのは、年功序列を守らなくてはならない職場です。立場に上下関係がある場合、要領よく立ち回ることが苦手で、無用なストレスが積み重なっていきます。

したがって仕事選びのポイントは、ある程度自分のペースでできる職種で、上下関係のしばりが厳しくないところがいいのです。たとえば学校の先生は授業のたびに教室へ行って自由に采配《さいはい》をふるうことができますし、営業関係の人は日々、得意先回りなどで外へ出かけますから、常に上司の視線を向けられたまま、ということはありません。

特殊技術や技能、資格を取得するのも吉で、できるだけ自分の裁量で動くことができる地位に身を置いてください。

組織の中で、あなたは「部下をかばって上司に物申す」タイプですから、深い心配りから部下や後輩のことを考えすぎてしまいます。新人教育をしよう、早く一人前にしようとするあまり、上司と部下との間で板ばさみになりかねません。自分の傾向を知って部下への親切心に少しブレーキをかけながら、余裕をもって接してください。同僚との関係は吉です。

独立、自営業は、家族経営、少人数でするもの、一人でできるものをおすすめします。大勢の人を使わなくてはならない場合は、あなたは表面に立たずに、ナンバー2でいく。副社長のような立場、隠れた支配者になるほうがうまくいきます。

坎宮の金運

あなたの金運は二本の流れを持っています。一本は本業の収入です。もう一本は伏流《ふくりゅう》水《すい》のように流れる金運で、くじに当たる、じゃんけんに勝つ、手伝ってと言われてボランティアのつもりでいたら謝礼をもらってラッキー、というような、おまけで得した気分になれる運勢です。出費するはずが支払わずに済んで実質的にプラスになる、というようなことも含まれます。

また本業の他に副業を持つ、アルバイトをする、趣味が高じて副収入につながる、などの傾向があります。その時に注意することは、いい収入になるからといって副業に力を入れすぎてはいけませんし、同じ力配分の仕事を二つ持つのもいけません、力の傾け方に強弱をつけること。二つ目はあくまでもサイドビジネス的な、お小遣い的なものです。どちらが本業かわからなくなってしまうようでは、肝心の本業にマイナスの影響が出てきますし、本業と副業が共倒れになっては元も子もありません。

大きなアクセサリーより一粒の真珠が似合う人ですから、おしゃれの買い物運も、ただ人に見せるため、外見を派手に飾るために高額な買い物をするのは、本来あなたが持っている金運から外れます。

また含み資産を持っている宮でもあります。投機的なことは、小遣いの範囲内で自由に楽しみましょう。遺産相続、財産整理を考えているなら細く長く、時間をかけて譲っていく方法を考えて、早めに着手してください。

余裕のお金は、貯めておくより使うほうが楽しいと感じるタイプですから、自分が本当に好きなこと、打ち込んでいる趣味、こだわりの一品に振り向けるのはよいのです。たとえば、微妙にゆがんでいるアンティークグラスに大金を払うなど、その価値は知る人ぞ知る、というような粋《いき》な使い方ができる人です。

貯蓄は、へそくり的なお金を貯めることに福運があります。目標金額を決めて、ある程度まで貯まったら、それ以上は趣味や旅行費用など楽しみのほうへ振り向けると、使ったお金の何倍もの充実感を味わうことができます。

不動産運はあまり強くありませんから、動かすのは最小限にしてください。引っ越しは基礎運を動かすことなので、吉になる場合も凶になる場合もあります、慎重にしてください。あなたの場合は、転勤などどうしても移転しなくてはならない事情がないのに、自宅を何回も買い換えるようなことは向きません。

坎宮の健康運

あなたの健康運のポイントは「背骨」にあります。真ん中に一本まっすぐ縦線が通っている「水」の字のように、年齢に関係なく、一生、自分は「美背」の持ち主であると自信を持てるよう、努力してください。

背中の贅肉《ぜいにく》はいったんついたらとれにくいもの。若い人は絶対つけないように、高齢者は猫背にならないように姿勢よく、いばるくらいにして歩くのがちょうどいいのです。鏡を見る時は、振り返って後ろ姿をチェックする習慣をつける。牛乳やカルシウム食品を毎日十分にとる。昼間、太陽の光を浴びながら体重をかけて歩いて、骨量を十分に保って、骨粗鬆症《こつそしょうしょう》を予防してください。若い人は無理なダイエットは厳禁です。

また耳、腎臓系をいたわってください。水分をまめに少量ずつ補給することを心がけて。アルコールに強いと自負している人でも、翌日までお酒を飲んでいるのはタブーで、夜11時までには飲み終えるように時間配分をしてください。

スポーツや習い事をするなら、茶道や書道、剣道、弓道、座禅など、伝統と精神性がミックスされたもので、姿勢をピンと伸ばしてする種類を選ぶと効果が上がります。人に教わるのは嫌い、という人には、いつでもどこでもできるストレッチ運動や整体、リンパ液の流れをよくするマッサージ、また水に縁のある水泳、水中ウォーキングも吉。

日常的に気をつけることは、下半身、とくに足を冷やさないようにすること。夏でも冷たい飲み物はできるだけ控えましょう。秋以降の寒さ対策は、人より早めに万全に。

精神状態が体調に微妙に影響を与えやすい宮なので、ストレスをため込まないよう、入浴は毎日、半身浴で体を温めつつリラックスして、心のもやもやをお湯に流してください。

坎宮は、午後11時から午前1時までの「子《ね》の刻」を支配していて、ちょうど睡眠導入時間にあたりますから、ここが決め手で、安眠のためによい環境作りをしてください。吉グッズはアイマスクと枕。寝付きがよくない日は、肌触りの柔らかいソフトタッチのアイマスクをつけると安眠効果があります。枕は固さと高さが違う二種類を用意して、その日の疲れ具合や体調、気分に合わせてどちらを使うか決める。また、自分では気づきにくい無呼吸症候群にもご用心。ベッドルームに遮光カーテンは必須です。

艮宮

ごんきゅう

◆「艮」とは？

艮は、ゴンと読みます。東洋には「陰陽五行」という世界観があって、艮を「陰陽」であらわすと陽陰陰（☶）になります。陰がたくさんあって上に陽がのっている。陰の立場からすると、上を押さえられているので動けない。そこから、とどまる、待つ、蓄える、頑固、がんばる、という意味が生まれます。自然界では山の形をあらわします。

また、「艮」は、木火土金水の五つの気「五行」の中の「土気」にあふれています。

さらに、中国古代の書『易経』の中に六十四種類の卦《か》があって、その一つに「艮為山《ごんいさん》」という卦があります。艮を山とする、という意味で、艮は山のように盛り上がった姿、高くそびえ立つ姿をあらわします。シンボルマークは「山々と照る太陽」です。

艮宮のイメージと性格

「艮宮」のあなたのイメージは、「富士山頂でばんざいをするクイーン」です。

全宮中もっとも誇り高い人で、王家のように歴史を守り、伝統を重んじます。

あなたの強みは、「家系」「伝統」です。家系という宝を背負っていて、それがあなたに誇り高い心を持たせていますし、生きる力を底で支えてくれています。そういうことに無関心な艮宮は「先祖」という埋蔵金を眠ったままにさせているようなもので、意識するようになると、先祖が力を発揮し始めます。たとえ先祖の名前を知らなくても、職業や地位に関係なく、実家や婚家に誇りを持ってください。今はそう感じていなくても、年齢とともに意識せざるを得ないような方向に進んでいきます。

高い目標をかかげて富士山へ登るクイーンは、けがれのない、きりりとした雰囲気を漂わせていますから、「がんばった自分をほめてあげたい」などというような考え方を、「自己満足的で甘っちょろい」と思ってしまいます。

目的を達成するために、他から賞賛される存在になるために、最大限の努力をする、できる限りの誠意を尽くす、並外れた精進の人です。そして、富士山のてっぺんで人々の歓声を浴び、ばんざいをした時に、すべての努力は報われます。

あなたの強力な助っ人は、ともに命をかけて登った登山仲間、家族や親戚、また身内も同然の結束の固い人たちで、強い信頼関係でつながっています。そのように対人面は、運命共同体のごとく、数は少なくても真の友情に恵まれる運勢です。

弱点は、一人ぼっちに弱いこと。あなたは富士山頂にいて、周囲から仰ぎ見られ賞賛されないと、光らないのです。

そして、誇り高いために、つい天狗になりやすいでしょう。他の人からすると富士山頂のあなたを見上げることになり、いばった印象を与えてしまいやすいので、一人ぼっちのクイーンや裸の王様になってしまわないよう、気をつけて。

艮宮の生きがいは、山頂に到達できるかどうかの一点にかかっています。天気が悪変した、すべって転んだ、クマに出会って逃げた、など達成できなかった際のへりくつはマイナスのエネルギーでしかありません。言い訳をしないで、不言実行で進んでください。本来あなたは言い訳をする人ではありませんから、過去を振り返って〝愚痴をこぼす癖があった自分〟に気づいたら、今日からきっぱりと止めるべきです。なぜなら、あなたはクイーンの誇りを与えられているため、他の宮とは違って、言い訳をすると自分で自分の幸運の足を引っ張ることになるのです。言うたびに運勢が落ちていく、と思って戒《いまし》めましょう。

困った時の対処法のポイントとして、誇りと目的に気づかせてくれる人のそばにいくこと。イエスマンではいけませんが、ほめ上手な人があなたのパワーをよみがえらせてくれます。そうやって背中を押してくれる人が大切なキーマンですから、相性のよい人間関係を結んでください。ゆめゆめ、励ますつもりで欠点を指摘する人、あなたを非難する人、弱点を攻撃してくる人を近づけてはなりません。

運を伸ばすために心がけることは、ほめられてもさらに上方を、高みを目指すこと。ひたいに汗して山道を登るリュック姿が、あなたの真の姿です。人の何倍も努力する力を与えられていますから、決して急いではいけません。どちらかというと大器晩成タイプで、時間をかけるのがよく、またあなたは「反復が吉」の人ですから、再挑戦して成功する可能性が高いのです。

幸せを招くポイントは、何のためにそれをするのかという目的を明確にすることです。私は美しくなる、家を買う、海外に行く、資格を取る、キャリアを積む、5歳若く見せる、など、がんばっている理由をはっきりさせることが幸せへの道、心の励みになります。

◆より詳細な運の強弱と個性

1/1〜1/5生まれの艮宮　仕事運が吉なので、いい意味で仕事人間になって活躍してください。職業を通じてプライベート運が充実します。健康面は、間食のしすぎに注意。

1/6〜2/3生まれの艮宮　バランスのとれた運の持ち主ですが、金銭面は慎重に、無理な金策をせず余裕を持つ。対人面では相手との距離を上手にコントロールして、決定的

坎
艮
震
巽
離
坤
兌
乾
中

な衝突を回避してください。健康面は、うがいを習慣に。

2／4～3／5生まれの艮宮　希望や目的をはっきり持ち、実家から精神的に早く独立した人から運が開きます。悩みが生じても吉の仕事運が補ってくれますし助けられますから、がんばりましょう。健康面は消化器系に注意。

3／6～4／4生まれの艮宮　育った環境からよい気を受けていますから、家族や地元を大切に。また恵まれている不動産運を引き下げてしまわないよう、娯楽費のオーバーに気をつけて。健康面は咳、肺に注意です。

4／5～5／5生まれの艮宮　バランスのとれた運の持ち主で、一生、若い人とよい縁があり活力源になります。健康面では呼吸器をいたわってください。

5／6～6／5生まれの艮宮　人間関係が財産で、それを大切に守っていくと、他の運のマイナスを補ってくれます。健康面は慢性病に用心。

6／6～7／7生まれの艮宮　バランスのとれた運の持ち主ですが、仕事運の安定を心がけてください。また賭け事には手を出さない。波があってのち、損で終わります。健康面は足を冷やさないよう気をつけて。

7／8～8／7生まれの艮宮　タイミングの良し悪しで運が上下します。人間関係はプライベート面が吉で、そのための出費には融通がつきます。家族に秘密を持たないよう気をつけて。健康維持は正しい姿勢を保つことから。

8／8～9／7生まれの艮宮　客観的に見ると恵まれているのに、勝手に悲観的に思い込んでしまうのが問題で、もったいないことです。明るく楽観的にと心がけると本来の吉運が輝き出します。また趣味に打ち込むと名誉を得ます。健康面は腰に注意。

9／8～10／8生まれの艮宮　育った地に恵まれ、福運は家族や親戚、地元の人が持ってきてくれますし、経済面でも吉縁があります。健康面は食中毒に用心。

10／9～11／7生まれの艮宮　心がけるのは細く長い人間関係を維持すること。ふとした弾みで、築き上げてきた関係をあなたからぶっつり切ってしまう傾向があるからです。また注目される人で、吉凶ともに噂の的、時の人になりやすいのです。健康面は交通事故とけがに注意。

11／8～12／7生まれの艮宮　大物ゆえに試練が与えられます。悪い責任を負わされないよう、たとえ身内でも保証人は引き受けないで。また生まれ育った地にこだわらず生きてください。健康面は風邪を軽くみないで万全の手当てをし、完全に治すこと。

12／8～12／31生まれの艮宮　遠方に吉運があります。留学は吉、仕事運では旅行関係、外資系、海外の職場にも目を向けてください。視野を広げるほど活躍できますし、福をつかむことができます。健康面は急な発熱に注意。

艮宮の愛情運

あなたはいい意味でプライドが高く、けじめをつける愛の持ち主で、遊びの恋はしません。女性ならクイーンの恋、男性ならキングの恋です。

この人！　と感じたり、人生のパートナーにふさわしいと決めたら、正直に告白します。叶わない恋はない、と心の奥で思っていますし、自分の愛が挫折するとは思っていません。自分が相手を好きなら、相手も自分を好きになるはずであり、もし失恋したらそれは相手の側か周囲に問題があるのだ、と勝手に思います。

恋人を探すなら、見た目のよさや収入、まして立派な肩書きや学歴などに惑わされないでください。相手の家の誰かが結婚離婚を繰り返している、妻と愛人の間でもめている、など家庭内に複雑な事情を抱えている人は、あなたが背負っている家系と合いません。

2月、8月生まれで結婚願望が強い人は、恋愛よりもお見合いに吉縁があります。この月生まれ以外の人は、縁結びの神をひきつける作戦として結婚相談所も悪くありませんが、あなたの成育歴、性格を知っている職場関係の人や友人、家族親戚などにもぜひ声をかけてください。周りの人たちが、あなたが結婚したくなる雰囲気を盛り上げてくれます。

交際が始まると、たとえ遊びから始まった恋でも、人生をともに歩んでいける人かどうかという視点で相手を見るようになります。それは艮宮がきちんと形をつけたがる宮だからで、艮宮の人の恋は結婚することによって成就します。

同棲することになった場合、理想を求める宮のあなたは、一緒に暮らしてみると、こんなはずではなかったということが多くなるので、目をそむけ合う前に解消したほうが賢明です。

事実婚ですと、二人三脚で歩んでいても、一緒にいる時間が長くても、無人の家にいるような不安や、根拠のない疑惑にとらわれる時があります。不安にとらわれている時にこそ、お互いの生き方を尊重しつつ、よく話し合ってください。相手の気持ちだけでなく、自分の心の声を聞くいいチャンスです。そして入籍するか白紙に戻すか、あなたにとって一番いい道が決まります。

不倫関係におちいって、どうしてもこの人、と心底思うなら、苦しみつつも自分を磨いてください。パートナーがあなたの心を磨く砥石《といし》になります。

愛を清算したくなった時は、相手の個人的な特徴を理由にしてはいけません。それよりも家風が合わない、育った環境が違うなどの背景を理由にしたほうが、スムーズです。

別れてしまったのちは、失恋の空気があなたの周りによどんでいて、次のよい恋愛運が敬遠しています。いい風向きになるよう窓を開けて家の中の空気をまめに入れ替え、風通しをよくしてください。恋の話はそれからです。

艮宮の家庭運

強い家庭運の持ち主で、個人的には精神的な自立を目指しつつも、一方で家系、家風を大切にします。とくに3月、9月生まれの艮宮はこの傾向が強く吉運です。

あなたにとって家庭は大きな城になります。結婚している場合、独身時代と同じような気持ちで、あなた一人が「富士山」へ登ってしまってはいけません。家族全員で一緒に山頂に立つイメージを持ってください。

そのためには、どうするとよいか？

家庭ではルール作りが大切です。家族それぞれに応じて、一人ずつ役割分担を決めましょう。そして決められた分担の範囲をきちんとやりこなしてください。子どもには、挨拶や正しい箸の持ち方などのしつけに力を入れてください。

結婚して長い時間が経っている夫婦、マンネリ化した夫婦は、今さら新しいルール作りは無理だとあきらめないでください。艮宮は理想を求めて努力を続ける宮ですから、家庭という枠を守りつつ、内部を改革できます。

第三章のバイオリズム解説の中で、あなたが「種蒔の年」に来た時が再スタートのチャンスです。あるいは「変革の年」に来た時に、これまでの方針を改良しよう、内部を変えようという気持ちが生まれます。

婚家、実家との関係において、先祖や家風を大切にするあまり、あなたが埋没してしまってはいけません。舅と姑、実家の父母から過剰な干渉をされないよう、さりげなくガードしてください。

嫁姑関係は、あなたが嫁なら、姑のやり方をよく観察して自分のものにし、家風を受け継いでください。姑なら、嫁を教育するつもりで接する。ただし嫁が働きに出るのを反対してはなりません。お互いに言葉遣いを丁寧にして、礼儀正しくすることでうまくいきます。

ご近所づき合いは、家族のプライバシーをつい漏らさないよう、口にチャック。

円満法は、夫婦それぞれの血縁と地縁を大切にして、身内の誕生日にはおめでとうの連絡を。また、一族の行事に参加する時は、地域のお祭りに日程を合わせるなど、旅行とセットにして、家の行事が楽しいイベントになるよう工夫してください。

精神的に相手に寄りかかるようなべったりした態度をとらないよう、注意です。「あなたの言う通りにします」「夫がいないから私にはわかりません」は仲がよいのではなく、誇りを捨てることです。「夫に聞いて返事します」「夫がいないから私にはわかりません」という逃げ口上や、選挙で夫にすすめられた候補者に投票する、というような自己放棄をしてはいけません。最後の決断は自分の頭で考えて下してください。家庭の枠内で、家族一人ずつが自立しているのが、艮宮の理想の家庭です。

艮宮の仕事運

どのような形であっても、伝統とつながっていると感じることができる仕事ならば、職種や勤務形態を問わず天運が味方してくれます。

適職は、かつて先祖がしていたけれど途絶えてしまった仕事、自分の家系に連なっている中で、また直接自分の家系に関係がなくても、日本古来の優れた技術に関連した職種、漆や木製品を扱うもの、職人の手業《てわざ》の類、これらを保存する博物館や資料館、工芸館などの関係で向いている道があります。一つのことに特化した仕事は大吉です。

また、先生の子どもが先生になる、父と同じ警察官になるなど、親や祖父母と同じ職業、似た仕事、関係のある職種を選ぶのも吉です。

艮宮は「土」の宮ですから、不動産や山林、土木建築に関係した仕事、陶芸などにも縁があります。

あなたは展望のよい「富士山頂」にいるので、理想やアイデアは素晴らしいですし、広く見渡して客観的な判断をすることができますから、多方面に仕事のチャンスがあるでしょう。

ところが具体的に条件をつめたり契約を取り交わす実行段階になると、思わぬ問題が生じたり足踏みしてしまいがちです。それは、実際的な手続きをするためには下界へ下りてこなくてはならないのに、あなたはまだ山頂で展望しているためで、どうも実務には不向きのようです。机上のプランだけで終わらせないよう、理想と現実をつなげてくれるのは、身内や幼なじみ、クラスメート、地元商店街、町内会など顔なじみの人たちの協力やアドバイスです。

したがって仕事選びのポイントは、身内と、身内も同然の親身になってくれる人たちが賛成してくれることで、仕事の根っこをそこに置いてください。

スローペースで確実に実力をつけていく宮ですから、促成栽培的にできてしまうような、誰にもできる仕事には飽きてしまいます。

組織に入るなら、規模の大小に関係なく、老舗といわれる組織、古き良き伝統を守っている落ち着いた会社、転勤や人事異動が目まぐるしくないところがいいでしょう。

あなたは積み上げて築いてきた伝統の流れの中にいますから、家業を続けるのは吉です。時代に合わせて工夫、改良しながら先代の志を受け継いで、次の世代につなげてください。

艮宮の金運

あなたの金運は、土を運んできてゆっくりと積み重ね、踏み固めるように、着実に盛り上がっていきます。最初は少しずつで目立たないのですが、ある時から目に見えて蓄財運がついてきます。

基本的に交際費は割り勘主義、他人への貸し借りはしない方針にして、その分を親や祖父母、親戚、身内へ回してください。子どものために使うお金も惜しまないで、教育費は十分に予算をとっておく。

つい見過ごしてしまいがちですが、高齢者を見舞いに遠方へ行くなど、定期的に介護や世話をするために使う費用には予想外の出費があり、どうしても予定金額をオーバーしますので、多めに計上しておく。

夢を買うようなことにお金をつぎ込むのはいけません。書画骨董に関心を寄せるのはいいのですが、信用できる人からの確実なものだけに手を出すように。思いつきで買うのも、弾《はず》みで売り買いするのもタブーで、お金を散らすことになってしまいます。もし遺産相続でもらうなら、株券や現金などの動産より不動産のほうを。財産整理を考えているなら、タイミングを見て不動産に変えておくのも吉です。

余裕のお金があったら、ほどほどに出し、ほどほどに貯めるというつき合い方が、平凡でも落ち着いていて吉です。一発当てるやり方はあなたに向きませんので、投機的なことは不向きです。あくまでも、積み重ねていくイメージに合う蓄財法を選んでください。

貯蓄方法は、一歩ずつ登るように、決まった金額を定期的に積み立てていく、山が動かないように一定期間預けておく方法が向いています。不動産、動産ともにじっくり時間をかけて積み重ねていってください。買い物カード、ローン用カード類は、種類や枚数をできるだけ少なく。似たようなカードが複数枚あったら、整理しましょう。

これから口座を開く人は、金融機関を十分に比較検討し、開設後は動かさない方針で。

不動産運に強い人です。住宅については定住する購入派と、比較的自由に移転できる賃貸派がありますが、あなたは迷わず購入派にしてください。

先祖代々守ってきた土地、親が持っている土地、一戸建ての家、マンションなど不動産を相続で譲り受ける縁があります。不動産そのものに価値があるのはもちろんですが、それを通じて志を受け継ぐことが大切です。また金銭関係の書類、印鑑は丁寧に保管してください。

坎
艮
震
巽
離
坤
兌
乾
中

艮宮の健康運

あなたの健康運のポイントは、関節、腰にあります。日常的に心がけることは、ストレッチをするなら腰回りを中心に指、足首、手首、膝などを回す習慣をつけて、関節を柔らかく鍛える。また気をつけるところもこれらの部位で、関節や腰の痛み、打撲に注意。もっとも慢性化しやすい肩コリは、肩回し運動や湿布薬で日々解消するようにして、首、肩《けん》甲骨《こうこつ》にかけてのコリもほぐしましょう。

その他、アレルギー、湿疹、ニキビなどの吹き出物対策もしてください。健康維持のコツは、単純で、短時間でできることを毎日、根気よく繰り返すことです。

スポーツや習い事をする時も、一定期間同じレッスンが続く、同じ動きを繰り返すような種類がいいのです。階段を登るように区切りながら、目標を持ってする方法が合います。太極拳や合気道で段や級取りを目指す、インストラクターの資格を取る、コンテストに出場して客観的に順位がつく、あるいは点数で上達度がわかる、というものが吉です。

また「艮」は再発、慢性化を暗示しています。プラスの意味ですと「吉事が再発」しますからいいことが重なりますし、「吉事が慢性化」するといい状態が長く続いてラッキーです。

ところがマイナスの場合は「不調が再発」します。もし中年以降の不調で、はっきりした原因がわからない時は、若い頃に痛めたところや、今は忘れている古傷が再び出てきたのかもしれないと疑ってみてください。また、「不調が慢性化」しやすいので、初期の手当てで完全に治しきることが大切です。

強運食は、きのこや山菜など。山で採れる食べ物が体に合います。アーモンドやカシューナッツ、松の実などの木の実類、甘味なら、かえでの樹液のメープルシロップ。また「艮」には蓄える意味がありますから、長期保存がきく乾物類や保存食も吉食品です、常備しておきましょう。

精神的に気分をさっぱりさせたい時は眺望のよいところへ行くのが吉です。ハイキングや登山、城の天守閣、タワー、展望台、デパートの屋上など高いところで、晴れ晴れと「ばんざい」したい気持ちになるまで見下ろし、景色を眺めて気持ちを落ち着かせてください。

究極の健康法は、指圧、マッサージです。機械を使うものよりも、直接手で押してもらうのがよく、年齢や症状に応じて強く弱く加減しながら、体調を穏やかに整えましょう。

震宮

しんきゅう

◆「震」とは？

震は、シンと読み、震えることです。それもピリピリッと震えます。

東洋には「陰陽五行」という世界観があります。

そのうち、万物は陰と陽の二つの気によって生じ変化していくという「陰陽」説でみると、「震」は陰陰陽（☳）の形になります。柔らかい陰ばかりのところへ、下から強い陽が出てきた形で、春の朝、大地を突き破って伸びていこうとする活気のある象《かたち》です。

また、世界は木火土金水の五つの気が循環しているという「五行」説でみると、「震」は「木気」を持っていて、若々しい草木をあらわします。若木が成長すると、成熟した巽宮の木になるので、震宮と巽宮は姉妹宮です。

さらに、中国古代の書『易経』の中に、六十四種類の卦《か》があって、その一つに「震為《しんい》雷《らい》」という卦があります。震を雷とする、という意味で、雷は大地を震わせて春が来たことを告げ、万物を目覚めさせます。また〝雷に打たれたようにビビッときた〟というように、直感をあらわします。シンボルマークは「閃《ひらめ》く雷、神鳴り」です。

震宮のイメージと性格

「震宮」のあなたのイメージは「大草原でアンテナをかかげる巫女《みこ》」です。

あなたは雷集めのアンテナを高くかかげてアイデアを受信発信する宮です。全宮中もっとも直感の働く人です。まるで天の啓示を受けた巫女のように、あるいは神の筆先のように、鋭いひらめきを発揮します。

雷に打たれたような直感は、ふつうの人は特別な場合にしか働かないのに、震宮の人は、相手に反応し、見るもの聞くものに刺激されるたび働くという素晴らしさです。なぜこれほどに反応できるかというと、春雷を呼び寄せるアンテナを持っているのと同時に、足元の大地に直感の種が埋められていて、刺激を受けて次々発芽するからです。

あなたの強みは、一雨ごとに若葉がぐんと伸びるように、苦労の雨が降っても跳ね返す力と、そのたびに成長していくバネのような心にあります。なんでもやってみようというチャレンジ精神と好奇心、向上心、一歩先を行く発想力が与えられていて、新時代の発火点になる人です。

日々の生活を愛《め》で、小さな贅沢、寄り道を楽しみつつ生きて、ある時に振り返ると、スタートした時には小さな双葉だったのに、今はたくましく成長している自分に気づくでしょう。

スキップしながら歌い、新発見しながら草原を一周する、それがあなたの人生コースで、がつがつするのもけちけちするのも似合いません。これは震宮にだけ与えられている福で、福運をいっそう大きくしてくれるのが「友人運」です。

あなたの対人運のポイントは、太陽にも月にも照らされている「友人運」にあります。さらに太陽が年上運を、月光が年下運を照らしています。

弱点は、直感が次々に働くために、また一日24時間しかないために、アイデアを完成させるまで手が回らない、そのために言いっぱなし、有言不実行、と言われてしまいかねないところです。が、一人二役はできません。こう言われるのは震宮の宿命ですから、気にしないで。じっくり取りかかっていてはあなたが地中に潜ってしまうようなもので、アンテナを立てることもアイデアを受信発信することもできず、直感が身動きできなくなります。

ではどうするか?

それを実行してくれる人と手を組む、仲良くすることです。あなたの手が回らないことを友人知人が補ってくれます。ただし、稲妻がピカッと光ってたちまち地に落ちてしまうように、あなたは一回言ってすぐ引っ込んでしまいます。言いかけたのに止めてしまうことも、時には言わないで引っ込むことさえあります。これでは希望が相手に伝わりません。理解が早すぎて、一人で対話して結論を飲み込んでしまわないよう、早合点に気をつけましょう。

困った時の対処法のポイントは、影武者のようなもう一人の自分を作っておくことです。あなたは直感に強い自信を持っていますが、それが揺らいだ時、頼るべき自分がいなくなってしまいます。幸い友人運に恵まれていますから、分身ともいえる頼りになる友、杖《つえ》になってくれる友を持ってください。

運を強めるために心がけることは、両手を伸ばして春雷と握手するような気持ちで「好奇心」を旺盛にすること。好奇心が活発なうちは大丈夫、アイデアが枯渇することはありません。そのためには発芽に必要な水やり係となる「水の宮」、つまり坎宮の人をそばに配してください。雨乞いをしなくても、アイデアの源が干上がらないような役目を果たしてくれます。好奇心の衰えた時がスランプ、老化の始まりのサインです。

幸せを招くポイントは、もっと自分を押し出し続けることです。稲妻を何回も光らせて、雷鳴がとどろき長く響くように、やりたいことを主張し続けてください。繰り返し言い続けることで、希望が通って幸せがやってきます。幸せをつかむのに遠慮してはなりません。

◆より詳細な運の強弱と個性

1/1～1/5生まれの震宮　バランスのとれた運の持ち主で、信念を持つとよい情報が入ってきますし、一気に相手の懐に飛び込むことができます。健康面は貧血に注意。

1/6～2/3生まれの震宮　強運の持ち主で、結束の固い友人運を持っていますから、どれほど大きな波が来ても乗り越えていくことができます。健康面は過労に注意。

2/4～3/5生まれの震宮　全体的にバランスのとれた安定した運を持っていますが、あえて言うなら家族に甘えすぎず、優しく対応してください。健康面は腎臓系をいたわって。

3/6～4/4生まれの震宮　身内や、家族同様の親しい人たちの応援があります。あり余る才能に恵まれていますから、自信を持って進んで。健康面は神経系、目に注意です。

4/5～5/5生まれの震宮　バランスのとれた運の持ち主ですが、仕事面では、慣れた頃に油断したために起きるトラブルに注意。健康面は骨量を十分に保ってください。

5/6～6/5生まれの震宮　尊敬できる年上の人に引き立てられて運が開きます。身内には頼らない方針で、助けてくれたらラッキーくらいの気持ちでいましょう。健康面は頭痛に注意。

6/6～7/7生まれの震宮　仕事運に恵まれていますので全力を尽くしてください。人間関係は、プライベートで接近しすぎないのが長続きするコツ。健康面は夜更かしはほどほどに。

7/8〜8/7生まれの震宮　先生や上司に可愛がられる吉運を持っています。私的な関係での書類や印鑑に関する頼まれ事は、柔らかく、しかし断固断ってください。健康面はスピードの出る乗り物に注意。

8/8〜9/7生まれの震宮　住む家が人生の基礎運を強くしますので、持ち家、借家を問わず不動産を安定させる努力をしてください。健康面は慢性病に注意です。

9/8〜10/8生まれの震宮　タイミングの良し悪しで運が左右されます。就職、結婚では情に引っ張られて損な方向へ進まないよう、独断を避けて身内とよく相談してから客観的に決める。健康面は時々脈をはかりましょう。

10/9〜11/7生まれの震宮　独立心が強く、仕事運は吉です。ただし賭け事に手を出さないで。波乱含みで運のバランスがくずれます。健康面は貧血を予防してください。

11/8〜12/7生まれの震宮　強運の持ち主です。信用を大切に、まっすぐ進んで吉。結婚の時期を慎重に決めてください。健康面はアレルギーに注意です。

12/8〜12/31生まれの震宮　独立独歩タイプですから、自分の判断で進んで、いい運に出会います。そのためにも周囲と常に話し合い、共通理解を持っていること。健康面は冷えに注意。

震宮の愛情運

あなたはきれいな愛情運を持っています。春雷は恋の芽や双葉を育てますので、周囲に大勢の人が集まってきます。友人以上の関係を築くのが上手で、若々しい感性を持続させることができます。それなのに恋に恵まれないとしたら、それはあきらめがよすぎるためです。

ビビビッとくる愛ですから、雷に打たれたように恋に落ち、その直感はかなり当たっています。ただ、稲妻は一瞬だけピカッと光って地に落ちてしまうために、相手が光を見逃してしまったかもしれません。

あなたは一目ぼれをしても相手にそのそぶりがないと告白せずに終わりますし、愛を告白して相手の反応が鈍いと、たちまちあきらめてしまいます。なぜなら、直感型の人だけに瞬時にダメと決め込んで、相手に気持ちを伝えたと同時に雷（愛）が地中に潜ってしまうことさえあるからです。いったん地に潜った雷はなかなか表面にあらわれず、そのため相思相愛になるまで時間がかかります。また、相手の返事をよく聞かないうちに、あなたが引っ込んでしまう不安もあります。

でも恋人を探すなら、一回稲妻が光っただけでは押しが足りませんから、何度も雷を落とし、何回も愛を告白することです。連発して雷鳴をとどろかせて、しつこく相手に迫るくらいがちょうどよいのです。

交際中は、中途で愛の水やりを放り出してはいけません。植物が成長するように、愛の花を咲かせる気持ちで、中断せずに時間をかけて進みましょう。

同棲することになった場合は、現状を周囲に知らせる報告でも、婚約や結婚に発展して知らせる時でも、女性側がリードして二人の関係を公表する方向へ進んでください。

事実婚ですと、旅人の心境です。日が暮れかかって宿が見つからないような不安定さがあって、いつまでもこの状態を続けることはできません。入籍、別離、どのような形にしても、この旅は少しずつ終わりに近づいています。

不倫関係におちいった時は、後ろめたいと感じないで、いい意味で居直って、一緒にいる時間は夫婦になった気持ちで過ごしてください。心がぶれてはいけません。それができないなら、きっぱり別れることです。

愛を清算したくなったなら、恋人から格下げして友人の一人にしてしまいましょう。

別れてしまったのちは、二つの道があります。一つは再び恋を志すか、もう一つは仕事に進む。両方欲しい人は職場結婚を選択してください。

震宮の家庭運

「屋根を守る」形が出ていますから、家庭運は吉です。わかりやすく言うと、震宮の理想の夫婦像は友人夫婦的なあり方です。自由にものが言える対等な関係を保ってください。

大家族の場合は、実家の家風とまったく異なるルールに面食らい、予想外で驚くようなことが家庭内で起きますが、あなたはそれを前向きに、面白い初体験ととらえてプラスの刺激にしてしまいます。春の新鮮さを持っているあなたには、常に初心に戻る気持ちがあり、豊かな体験を重ねながら過ごしていけます。

小家族の場合は、外に向かっては守りが固く、家庭内は夫婦の気持ちがしっかり寄り添っていて吉です。夫を立てるのがとても上手です。あなたに立てているつもりはなくても、夫は妻が自分を立ててくれていると感謝するほどです。

子どもには、お金をかけるよりも手をかけて、子育ては自分育て、と言い聞かせてください。一緒に出かける、ともに過ごす時間をできるだけたくさんとりましょう。それもわざわざ遠くの遊園地や海外旅行などへ出かける必要はなく、日常圏内の公園、商店街などの近所で、生活の実感を通して肌のぬくもりを伝え、温かく育ててください。

嫁姑関係は、自分のペースを守るために同居しない方針で。同居すると、あなたが嫁であっても姑の立場であっても、相手に微妙に遠慮してしまい、意見を言い出しにくいような雰囲気になってしまいます。あなたが嫁の場合は、家風を変えようとしても根負けしてしまいそうです。

実家との関係は、行事がある時には参加するものの、結婚して実家から独立したのであれば、淡々としているのがいいのです。

ご近所づき合いは吉で、オープンだが感情的な波は立たず、近所の子どもにも慕われます。

夫婦の円満法として、遊びや自由時間のルールを決めるのが吉です。たとえば、週末は家事から解放される、曜日や日を決めて習い事に行く、お互いにパートナーに侵されることがない時間をもうける、などが必要です。決めたルールは厳守して、できるだけ例外はなしにしましょう。

注意点は賭け事で、それが絡んで家計を圧迫するようになると、家庭生活を維持することは次第に難しくなります。友人夫婦でいた場合は、もと来た道を戻っていく、かつて友人であった地点まで戻っていくことになります。

震宮の仕事運

あなたの仕事運のポイントは、アンテナを伸ばす「情報力」と、世界にとどろく「雷鳴」です。

適職は、「情報」をいち早く取り入れて伝えるアナウンサー、マスコミ、報道関係です。また「情報力プラス直感力」を生かして、時代を先取りする開発や企画デザインなどが吉。「情報力プラス直感力」プラス美的センスを生かすと、流行の予感を命中させることができるので、デザイナー、ファッション関係なども向いています。

震宮にはもう一つの長所があります。それは「声」です。雷鳴が響いて雷の存在がわかるように、あなたが発する声は天下に響き渡り、注目を集め、人々がひれ伏しますから、音楽、演劇、広報関係などが吉です。声そのものに魅力があるので、声で人を安心させる、心を浄化させる、人を説得する仕事に向いています。ぜひ、生かしてください。

一方不向きなのは、枠や手順が決まっていて、直感力を必要としない職種、またルールにのっとってする金融関係や事務関係などの分野は、アイデアを発信することができずストレスがたまってきます。

仕事選びのポイントは、何らかの形で情報を入手して伝える、声で発信できる職種であることです。

組織に属するなら社内の人間関係に恵まれますが、1月、4月生まれの人は仕事がらみで取引先から迷惑をかけられないよう用心してください。逆に9月生まれの人は、外部の人に迷惑をかけないよう注意してください。

10年以上同じ仕事についていると、それが適性になりますので、現在に不満を感じていないならそのままがいいのです。

でも現在の職場がどうしても合わないと感じているなら、二つの対処法があります。一つは、仕事以外で自分の感性を発揮できる分野を持って、バランスをとる。たとえば昼間は仕事をしながら夜間学校へ行く、昼間の仕事とは異なるもう一つの顔を持つ、休日は平日とまったく違う分野に目いっぱい打ち込む、などです。

もう一つは、蓄積してきた業績を生かせる別の組織へ移る。伸びようとする若葉の根をぶっつり切るのはいけませんから、配置転換や出向なども視野に入れて、何らかの形で組織につながっているのが賢明です。独立する場合でも、傘下に入る方向で考えてください。

独立、自営業は、1月1日~1月5日、3月、10月、12月生まれの人は吉です。この月生まれ以外で脱サラを考えている人は、ちょっと待って。社内の上司に恵まれる運を持っていますので、その運を捨ててまでのメリットがあるか、慎重に考えてください。

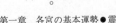

震宮の金運

あなたの金運は悪くありませんが、いつのまにか残額が少なくなっている、何に使ったのかよく思い出せない、のは総花的に使ってしまったからです。とはいえ、これがこの宮の傾向ですから、がつがつ貯めるより、小さな無駄遣いを楽しみましょう。

他から見れば浪費に見えても、あなたにとっては浪費でも無駄遣いでもない――それが震宮の金運です。震宮は若木で、若葉が伸びることにだけ全力を尽くしていますから、地下茎や根に栄養をためることはできません。大地の中の養分やお金を吸い上げて地上へ運ぶ宮なのです。

そのため自分に投資するのは吉で、習い事などは好奇心を刺激して生涯の力になりますから、惜しんではなりません。交際費は思わぬ出会い、よい発見をするための金の卵なので、多めに計上してください。ただし9月生まれの人は計算が大まかすぎ、使いすぎが心配ですから、無計画を戒めましょう。

余裕のお金は、使うことで運の花が開きます。そういう震宮に、残り物の福はありません。したがってリサイクル商品、再利用、もったいない精神は向いておらず、新製品が発表されたらつい飛びつきたくなるのがあなたらしいお金の使い方です。

貯蓄運は、そこそこ貯める、です。大きくがっちり貯めるのは向きません。預金が趣味、という人がいますが、あなたの場合は蓄財の必要を感じないのです。

蓄財法は、必要に迫られてから貯める。目標がないと貯める意義を見つけることができませんが、目標を決めると精が出ます。また、必要に応じて根っこに肥料を与えてくれるような、たとえば宝くじが当たる、思わぬ遺産が入るなど、降って湧いたようなラッキーが起きます。

ところがあなたは、宝くじを買っても発表日に調べることを忘れてしまっているようなのん気さです。実はそれは、のん気なのではなく、過去に買った物をチェックするよりは、新しくパッと目に入ったことに飛びつく震宮の反射神経のためです。欲と二人連れ、と呪文のように目的を自分に言い聞かせ、貯蓄に励んでください。

不動産運はありますが、元金が不足しがちです。どうしても欲しいとなってから重い腰を上げて貯蓄します。住宅ローンを利用する場合は、くわしく金利を比較検討してください。

震宮の健康運

あなたの健康運は、若葉の生命力を与えられていて、年齢に関係なく、若々しさを失いません。時間でいうと「卯《う》の刻」（午前5時から7時）を司《つかさど》っていますから、朝の目覚めをよくすることがポイントです。吉グッズは目覚まし時計。朝日を浴びる、朝シャワーを浴びる、朝食を抜かない、など一日のスタートが順調に手際よく進むように心がけましょう。

震宮はピンと伸びる若草をあらわします。自分の体を、伸びていく一本の若草とイメージしてください。それに合う健康法が吉ですから、体を伸ばす・ゆるめる、ゆっくりストレッチをする、などはよいのです。

スポーツや習い事をするなら、最初から段や免許取得などと意気込まないで、気持ちの向くままに、その時々に興味の湧いたことに挑戦して、飽きてきたら止める。そういうことを続けていくと、全体としては健康法を継続していることになります。一つに絞ることはせずに、多趣味で広く浅くがいいでしょう。

複雑なことはしないのが長続きのコツ。たとえば「草原の人」のあなたにゴルフは合うはずですが、幾本ものクラブを買いそろえ、一日がかりでゴルフ場に行き、プレイの前に着替えるなど、手続きや手順を踏まなくてはできないもの、ルールが複雑なものは長続きしません。

若草が自由に伸びるような単純さがいいので、できるだけシンプルに、道具はあまり使わず身一つで手軽にできるような種類を。それでこそ、好奇心が湧いた時にフットワーク軽く挑戦することができます。まったく新しいことに挑戦するのも吉、気持ちを解放する旅行も吉です。

気をつけるのは、神経過敏なために起きる病気と肝臓です。また、急に不調になる、たちまち治るというように症状が急激にあらわれ、急速に回復することも特徴です。3月、12月生まれの人はとくに激しい運動に細心の注意を。

日常的に心がけることは、昔ながらの漢方薬、ハーブティー、指圧、お灸《きゅう》、温泉など、生活の中に取り入れながらする穏やかな健康法や民間療法が合います。

強運食は野菜で、すべて食材は鮮度のいい物を。試食会に行く、新しいメニューが出たらさっそく試す、季節に先がけて走りの初物をいち早く召し上がってください。

最後の決め手は、音楽です。心を休める時も、やる気をかき立てる時にも有効です。

巽宮

そんきゅう

◆「巽」とは？

巽は、ソンと読み、風のことです。東洋には「陰陽五行」という世界観があります。

そのうち、万物は陰と陽の二つの気から生じるという「陰陽」説でみると、「巽」は陽陽陰（☴）の形になります。固い陽の下に柔らかい陰がある。つまり表面は固いけれど内面は素直という意味になりますし、強い陽が集まっているところへ柔らかい風がそっと入り込む形で、しなやか、という意味にもなります。

また、この世は木火土金水の五つの気が循環しているという「五行」説でみると、「巽」は「木気」を持っていて、しなやかで素直な木です。

さらに、中国古代の書『易経』の中に六十四種類の卦《か》があって、その一つに「巽為風《そんいふう》」という卦があります。巽を風とする、という意味で、巽は狭い空間へもしなやかにすっと入っていける風の従順さ、素直さをあらわします。風にのって漂う香りも巽です。この人を解くキーワードは「素直、自由」です。巽の木は震の若木が成長したもので、震宮とは姉妹宮です。シンボルマークは「巡る風」です。

巽宮のイメージと性格

「巽宮」のあなたのイメージは「木の葉をゆらす風の神」です。風の便り、というようにあなたは、ふうわりとしていて雰囲気があります。

全宮中もっとも自由な発想ができる人で、絶対、ということに固執しません。どちらにもよさがある、と思うからです。

「迷う」ことは決断力がないように思われてマイナスイメージですが、巽宮に限ってはそうではありません。たとえ小物一つ買うのにも、迷いつつ煮詰めて、決定するまでのプロセスを楽しみます。

迷うのは二つ以上の選択肢があるからで、それだけ選択の「自由」を手にしていることになります。巽宮の人でもし迷うことはよくないと思っているなら、考え方を変えて、あれかこれか選択の自由を持っている自分を好きになってください。木の葉が風に吹かれているように、あなたは心をゆらしていたいのです。そしてゆらすことがストレス解消になっています。

そんなあなたの強みは、常識にとらわれないこと。年齢や性別、過去や条件立場の垣根を軽々と乗り越えて、バリアフリーで生きていきます。

対人面では、風が大きな建物や山にぶつかっても回りながら抜けていくように、初対面の人や偉い人にもその胸を開かせて、すっと懐《ふところ》に入っていける特技を持っています。

空気は目に見えません。風そのものも目に見えません。木の葉が動いて初めて風向きがわかるように、風は変幻自在に動くものですから、周囲はあなたの風向きをなかなかつかむことができません。意外な面がある、と驚かれるのもこのためです。

途中で気が変わる、場の気分に左右されることがありますが大丈夫、木の幹は太くしっかり立っていますから、木の葉のように心をゆらしていていいのです。

構えて動かない岩と違って、無色透明の風の神のあなたを嫌う人はいません。そういう幸せの宮に生まれています。それを維持するために、人との間に風通しをよくしておくこと。いつでもさよならできるように、いつでももっと仲良くできるように、つかず離れずの微妙な距離感がいいのです。

弱点は、どういう風の吹き回しか、と言われるように気まぐれで主張がはっきりしないことです。また指導力が不足しがちです。それは自由を尊重する巽宮が、相手を一方向に強く引っ張り、自由を奪うようなことを嫌うからです。

注意点は、ここ一番の重要時には、山全体の木々をゆらすほどの気合いを入れて、強く主張の風を吹かせること。また、情報が風で飛ばないよう早く整理して、連絡は素早く、不要な物は即処分、返事するべきことは即答してください。さらに、一つのことに執着してはなりません。べったりしないで、風通しよく爽やかに進んでいきましょう。

巽宮には、スマートでソフトなそよ風タイプと、わが道を突進する強風タイプがあります。後者は突進しすぎると失速しますので、ある時期からそよ風タイプへの方向転換を心がけましょう。

困っている時は無風状態になっていますので、別の観点から見る、いったん間を空ける、他の意見を取り入れてよどんだ空気を吹き払い新風を入れる、などして問題を解決してください。気分転換をするなら旅行が一番です。

運を伸ばすために心がけることは、信用の置ける人という評価をがっちり固めることです。時間を守る、ルールを守る、できない約束はしないなど、他の宮の人が同じようにしても見過ごされますが、巽宮がすると信用がつき、希望が通りやすくなります。それはこの宮が巽《たつみ》（東南）の方位を司《つかさど》っていて、ここに「信用」が座しているからです。

幸せを招くポイントは、いろいろな分野へ首を突っ込み、ネタ拾いをしながら、よいネットワークを作ることです。風が巡るように、周囲に幸せの風を送ってください。

◆より詳細な運の強弱と個性

1/1～1/5生まれの巽宮　仕事運に波があってもあきらめない、粘って吉の成果を得られます。家庭運に恵まれ、身内が力になってくれます。健康面は貧血に注意。

1/6～2/3生まれの巽宮　バランスのとれた運の持ち主です。友人運が吉で、いい関係を育てていくと楽しい人生を送ることができます。健康面は骨に注意。

2/4～3/5生まれの巽宮　明るい仕事運を持っています。吉運を運んでくるのは他人ですから、身内を頼らずとも大いに活躍できます。健康面は胃をいたわって。

3/6～4/4生まれの巽宮　身内に頼りになる人がいます。同じ志を持っている友人と仲良く、遊び仲間とはほどほどに。仕事とプライベートはきっぱり一線を画してください。健康面は食い合わせに注意です。

4/5～5/5生まれの巽宮　仕事からいい人間関係が広がります。また家庭運、友人運も安定して恵まれています。健康面は循環器系に注意。

5/6～6/5生まれの巽宮　仕事運の波に気をつけさえすれば吉運の人生ですから、仕事を決める時は十分に検討してください。健康面は肩コリ、腰痛に注意です。

6/6～7/7生まれの巽宮　強運を持ち、独立独歩タイプで吉ですが、部下や子どもの世話を焼きすぎないよう、心理的に距離を置いてください。健康面はけがに注意。

7／8〜8／7生まれの巽宮　強引を慎みましょう。謙虚にすると、真の友人に恵まれ助けられます。ご近所づき合いは深入りしない方針で。健康面は呼吸器をいたわってください。

8／8〜9／7生まれの巽宮　強運の持ち主で、実家に寄りかからず故郷を離れるのも吉。結婚は、相手と平等に家事分担することを条件に入れてください。健康面は再発に注意。

9／8〜10／8生まれの巽宮　身内と縁が深く、味方になってくれます。友人から気が重い頼まれ事をされたら遠回しに断り、またあなたも頼ってはいけません。健康面は定期的に骨量をチェック。

10／9〜11／7生まれの巽宮　人一倍の努力をする人で確実に運が開きます。友人運は淡白に。穏やかなら長続きしますが、深入りしすぎると絶交するようなことも。健康面は立ちくらみ、目まいに注意。

11／8〜12／7生まれの巽宮　家庭運は愛が深すぎて家族を心理的に拘束してしまいがち。子育てが終わったらいったん家族解散するくらいの冷静な気持ちを持ちましょう。友人運は吉です。健康面は丈夫ですが風邪予防を。

12／8〜12／31生まれの巽宮　仕事運の安定がカギで、好調と不調の波が大きく他の運まで振り回してしまいそうです。仕事と家庭のバランス、緊張と休養のバランスを上手に。猛烈な仕事人間になってはいけません。健康面はアレルギーに注意。

巽宮の愛情運

あなたは人気がありますし、木の枝が全方向へ伸びるように愛のチャンスが広がっていきますが、本命は、あなたが仕掛けた人よりも、「好きです」と告白してきた人の中にいます。巽宮は「自由を重んじる人」ですから、外見のかっこよさや学歴、家系などを基準に選んではいけません。本命を見分けるポイントは、相手の性格の本質的な部分をみて、「嘘がない生き方をしている人、まじめな人」を選んでください。

とはいえ、どれほど好きな人であっても、密着すると風の出入り口がなくなって息苦しく、愛は窒息してしまいます。二人だけの世界に閉じこもるような閉鎖性は似合いませんし、必ず行き止まりになりますから、粘着性のある相手は避けて、さっぱりした人を探してください。その意味で、オープンな友人から発展して、少しずつ距離を縮めて恋人になっていくのはいい方法です。

恋人を探すなら、にぎやかな場所、話し合いの場所に吉縁があります。なりゆきで恋に発展することがあってもかまいません。

ただし同情から始まる恋は禁物で、最後は後味の悪い幕切れになります。同情心を、恋人や身内など濃い関係に向けると、身動きがとれなくなりそう。自由に動くことができない風はもはや風ではなく、あなたらしさが失われてしまいます。

友人以上恋人未満でしたら、立場や成育環境が違いすぎる相手以外は、発展させて可です。

交際が始まると、違和感を抱きつつ相手の風に合わせる、最良の選択肢でないと知りつつムードに引っ張られてしまうことがあります。自由人は束縛されてはなりません。一緒にいて酸素が足りないと感じたら、終わりにしなさい。束縛されるように感じたら、愛は下降運に入ります。心身ともに自由を保つ、それが愛を維持するポイントです。

交際期間が長くなりすぎると、お互いに背負う物が大きくなり、相手への要求も厳しくなります。第三者が絡んでくると事は面倒になりますので、解消の方向へ。

同棲することになった場合、相手の食事マナーなどを不快と感じた時、すぐに伝えて解決できればいいのですが、相手が直さない場合、終わりは見えています。我慢は不要です。

事実婚は、年が離れているとあなたが世話役になってしまいそうです。またどちらかの実家が口を出してきたら、波乱含みです。

不倫関係におちいった時は、噂の種をまかれかねませんので、二人の関係を第三者に知らせる場合は口の固い人だけに。

愛を清算したくなったなら、気に入らない「できごと」を口実にしてください。相手の性格にも育ちにも、触れてはいけません。

別れてしまったのちは、懲《こ》りてください。同じタイプの相手、似た愛につかまってしまう可能性があるので、当分はおとなしくしていること。

巽宮の家庭運

あなたの家庭運を支えているのは大樹です。枝先の葉が大揺れしていても幹はびくともしないように、家庭運はどっしり構えています。

家庭の経済を支える幹は二本あります。いい関係でいるために、夫と妻が別々に収入を持っていましょう。

大家族の場合は、一番年上の男性を頭に立てると、大きな太陽を背負っているように、家族がそれぞれの立場で満足できます。家庭内で意見が割れた時は祖父に、祖父がいない時は父親の意見に重きを置いて、決定してください。

母子家庭、父子家庭を含む小家族の場合は、自分の兄弟姉妹や親戚と行き来する、友人をわが家に招いて手作りの温かさでもてなすなど、人集めを上手にして、協力の輪をつないでおきましょう。ポイントは、やむを得ず子どもをいっとき預ける時に、託児所ではなく、その人に頼めるほど親しい相手を作っておくことです。

子育ては、他の子どもと比べないで、わが子を信じきって育てる。成長したあかつきに、心強い存在になります。

嫁姑関係は、楽しい旅先で出会ったような間柄で、お互いに観察し合って吉です。あなたが嫁の場合は、ある時は将来の理想像として姑を見習い、またある時は反面教師として見てください。そして家風は婚家を踏襲するのでも、実家のやり方を継ぐのでもなく、自分流に工夫して作るのがいいのです。あなたが姑の場合は、新しい風がやってきたなあと興味を持って見ていてください。

実家との関係は、子どもが幼い時には頻繁に行き来して、子の成長とともに次第に疎遠に、やがて実家を卒業していくのが自然です。親族が集まる時は、明るく、立ち寄る程度の気持ちで訪ねてください。

ご近所づき合いは、まんべんなく仲良くする必要はありません。強弱をつけて、町内の大物、役員などトップの人たちとソフトにつながっていればよく、あとは場に応じて臨機応変にしましょう。

円満法は、いったん問題が起きた時に家族が結束して立ち向かう、心を一つに合わせることができるならば十分で、波風がない時は淡々としている、特別なことはしなくていいのです。

注意点としては、いつまでも親の世代の空気を引きずっていないほうが吉になります。

1月1日~1月5日、3月、4月、9月生まれ以外の巽宮は、風にのって自由に空を泳ぎたいのに、親がしっぽをつかんでいます。軽やかに離れて、自分の風に出会ってください。

巽宮の仕事運

あなたは「ときどき革命家」の仕事運を持っています。自分に吹いてくる風、時代の空気、取り巻く空気を体全体で感じます。そのため変わる時は一部ではなく、丸ごと自分革命を起こすことがあり、異なる職種に変えても風のようにしなやかに対応していくことができます。

適職は、異質なものを関係づけることが得意なので、外部と内部をつなぐ橋のような役目が似合います。異業種や、ある情報と別の情報を連結する、さまざまな縁を結ぶキューピッド役など、爽やかな人間関係のネットワーク作りに能力を発揮します。

旅行、通信、宣伝、結婚式や各種セレモニーの企画、人と接する仕事など吉。自由な発想をする人ですから、芸術家、デザイナー、ファッション関係も吉です。

もともとある物をアレンジするのに独特の優れたセンスがありますので、さまざまな分野でコーディネーターをする、音楽でしたら編曲に優れた才能を持っています。

巽宮は自由人であり趣味人でもあるので、趣味を生かして伸びていく道があります。名誉や世間体にとらわれず、本当に好きなことに打ち込み、追求してその道の第一人者になることができる、面白くてユニークな生き方ができます。

一方不向きなのは、風が風でなくなってしまうような仕事で、一か所にとどまっている職種ですと、長続きしません。

身内も外部の年上の人も、あなたの力になりたいと思っているのに、肝心のあなたが一つに絞りきれないところがあって、なかなか話にのっていくことができません。その場合、仕事選びのポイントは、戸外よりも室内でする仕事、結婚しても子どもが生まれても続けていくことができる仕事、を一つの基準にしてください。

懸命に仕事をしていても、「風の宮」の巽宮は優雅に見えます。ところが、長期間集中しすぎて燃え尽きてしまう、あるいはやめざるを得ない状況に追い込まれることがあります。それは「風」の袋が空になってしまったからで、まったく別のことを始める可能性があります。

組織に入るなら、風のように吹き抜けるのではなく、長く勤続する心づもりで取り組んでください。

独立、自営業は、1月、4月、6月生まれの人は吉です。組織で働いているこの月生まれの人は、将来の独立を視野に入れておくのもいいでしょう。

巽宮の金運

あなたの金運は、動産、不動産どちらにも縁がありますが、長期計画を立てることが招福のコツです。また種銭をあちこちにまいておくと、後々、芽を出して金のなる木に成長します。

毎日、家計簿をつけるほど細かくする必要はありませんが、小さな節約を心がけ、食料品や日用品、消耗品はまとめ買いで一括払いをしましょう。通信販売の利用は吉、利息がかかる分割払いはできるだけしない、がポイントです。

貴金属や、税金がかかるような高額な家財や美術品を持つことは似合いませんし、株など投機的なことも向きません。

財産整理を考えている人は、動産を不動産に変えておくのも吉の方法です。また相続を準備しているなら法定相続人の他に、一部を恩人やふるさと、公的な活動団体、自然環境保護グループなどへ寄付することを視野に入れましょう。

注意することは、お金の流れをシンプルにすること。金運の糸がもつれてしまわないように、複雑なやりくりはせず、糸が針穴をすっと通っていくように単純明快にしておいてください。

余裕のお金は、三分割してください。一つめは預金する。二つめは音楽会や観劇など文化的なことや旅行など、形には残らないけれど心が満足することに使う。三つめは家具を買う、服を買うなど、形に残る物に使う。

臨時収入があった時は、ひとまず全額を預金してください。それから改めて下ろして使う方式にすると、金運に力がつきます。

貯蓄は長く寝かせて吉ですが、手続きが煩雑だったり、内容が複雑で後々思い出せないような種類はパスしてください。また預け替えなどをすすめられても、他の金融機関と比較検討して慎重に。

保険のように長期間にわたるものほどあなたの金運にプラスですので、あちこちに入らず、熟慮して一か所を選んでください。保険料は毎月払い、一括払いの合計金額を比較して、家計と相談しながら全体額が得するほうを選んでください。また通帳、証書はまとめる。分散すると、時間とともに記憶が風で吹き飛ばされるように薄れて、間違いの原因となります。

不動産運は、細く長く縁があります。初めの一軒を購入すると、長い糸でつながっているように、時間がかかっても次の一軒に道が開いてきます。長期の住宅ローンを抱えている人は、毎月の出費を切り詰めて、繰り上げ返済を心がけてください。

巽宮の健康運

巽宮は「かざぐるま」が単純な仕掛けでくるくる回るようにシンプルで優しい人です。それはあなたの健康運にも当てはまり、全力でがんばりすぎると、体にひずみが、心にしわ寄せが出てきてしまいます。

精神的に煮詰まってしまい動きがとれなくなったら、ストレス発散のポイントは、風通しをよくすることです。隣町や郊外へ出かけて違う風に当たる、旅の空気を吸うのが最大の気分転換になります。森林浴やウォーキングは吉ですし、木陰はラッキーな場所です。

住宅を購入する時はぜひとも開口部をチェックしてください。いい風の通る家に住むと、いつのまにかたまってしまうストレスを日々発散する効果があります。

ふだんから窓を開けて部屋の空気を入れ替える習慣をつけましょう。またアレルギーに注意が必要ですから、床はフローリングにして、絨毯《じゅうたん》はできるだけなくし、まめに掃除してアレルギーの原因を追い出してください。

スポーツや習い事を始めるなら、これまでしたことがある健康法につながっているか、近い種目を続けていくのがよく、以前に中断してしまったものを再開するのも吉です。途中で間隔が空いても、つなげてみると一本の糸のように続いているというようなやり方で、細く長くしていくことが健康維持につながります。

たとえばヨガと座禅、太極拳は同じ系統で、似ていますから吉です。幼い頃にクラシックバレエを習っていたなら社交ダンスやフラダンスをやってみる。あるいは学校時代にピアノが得意だったなら歌を歌う、他の楽器に挑戦する。このようにすると、過去の蓄積を生かしつつ、上達する楽しみと人の輪が広がる相乗効果を得られます。

また「風の宮」ですから呼吸を大切にしてください。息をつめて力を入れるものより、ゆったり息を吐いてする種目が吉。細く長く、健康のかざぐるまを回すためには、短期間で効果が出るような健康法は不向きですし、どれほどいいと言われていても、集中的にやることは合いません。それは体内に暴風を吹きこむようなもので無理がかかります。もともと根性でがんばるのは似合わない宮ですから、天女が風に舞うイメージの、優美な動きのスポーツや習い事を。

最後の決め手は、香りです。緑の香りの森林、植物系のコロン、香りのよい食べ物が吉。衣類は初夏の空気を着るように、上質なコットンを筆頭に肌触りのいい薄手の素材、ふわりとした軽い素材、伸縮性のある素材がラッキーです。

離宮

りきゅう

◆「離」とは？

離は、リと読みます。離陸、距離という時の「離」です。

東洋には「陰陽五行」という世界観があります。

そのうち、万物は陰と陽の二つの気から生じるという「陰陽」説でみると、「離」は陽陰陽（⚊⚋⚊）の形になります。上も下も固い陽で、間に柔らかい陰がある形で、卵のように表面は固いけれど真ん中は柔らかい状態や形を指します。

また、この世は木火土金水という五つの気が循環して動いていくという「五行」説でみると、「離」は「火気」を持っています。

さらに、中国の古典『易経』の中に六十四種類の卦《か》があって、その一つに「離為火《りいか》」という卦があります。離を火とする、という意味で、「火」は炎や花火、太陽などの明るさをあらわします。シンボルマークは「希望の炎」です。

離宮のイメージと性格

「離宮」のあなたのイメージは、「クレオパトラを演じる舞台女優」です。炎のように華やかに生きた女王クレオパトラを演じ人々に夢と感動を与えた女優が、拍手喝采を浴び、花束を受け取っています。女優の体から熱気が陽炎《かげろう》のように揺らいで立ち上っています。

完全燃焼した女優は美しく際立って輝いていますが、カーテンが下り照明が消えると、華やかな舞台は一転して真っ暗になり、女優も舞台の裏へ消えていきます。女優がある時は華やかに表舞台に立ち、ある時は舞台を離れて静かにしているように、離宮の人はスポットライトを浴びる時とそうでない時があり、表舞台から突如消えることもあり、明暗の差が大きい運を持っています。

全宮中でもっとも目立ち、知的な人です。他の人とは違うピカッと光るものがあって、人々の目を吸い寄せ、賞賛されます。頭の回転が速く、勘が働き、即断即決でイエスかノーか決めるので、行動や思考パターンが明快でわかりやすいのです。ハレとケ、非日常と日常、いい時と悪い時のギャップが大きい人でもあり、感情の起伏が激しいタイプでもあります。

光が明るいほど影が濃いように、あなたは光も影も抱えて生きていかなくてはなりません。社会的に華やかなライトを浴びている人が私生活で意外な悩みを抱えているように、または想像を絶する艱難辛苦《かんなんしんく》の果てに今の栄光があるように、です。

あなたの強みは、全力投球する舞台女優のように集中力が高いことで、気持ちのスイッチを素早く切り替えることができます。後を振り向かない、潔い人です。

対人面では、急激に仲良くなり、ある日突然別れる、というような状況が起きやすいので、仲良くなった時に相手に違和感を抱かせないよう、別れた時には相手に不快感を残さないよう、一期一会《いちごいちえ》の気持ちでつき合ってください。

イエスかノーかきっぱり決める度胸はいいのですが、はっきりしすぎ、極端すぎて中間が少なく、そのため微妙な部分がうまく伝わらずに、誤解や無用な反発を買ってしまう不安があります。本心を理解してもらえず辛い時がありますが、あなたのパワーはそれ以上に強烈で、噂話や思惑などを蹴散《けち》らして、困難をものともせずに進むことができるでしょう。

弱点は、一定の時間だけ舞台の上で輝くタイプなだけに、長期におよぶと集中力が途切れてしまうことです。持久戦にもちこまれると弱く、投げ出してしまう。自分に不都合なことは、なかったことにしようと勝手に決め込んでしまう時があります。

また、一を聞いて十を知るあなたはてきぱきと裁いて結論のみを言う傾向がありますので、プロセスを省略せず丁寧に説明を。周囲はあなたのスピードについていけず、強引な人と受け取ってしまいやすいのです。極端に突っ走らない、言いっ放しにしない、思ったことは一呼吸おいてから言う、などもう少し柔らかい言い方を心がけてください。

困った時の対処法として、問題やたまったストレスは我慢しないで、周囲の人にぶつけて発散すること。ただし、相手をよく選びましょう。本人はさっぱりしても、ストレスのはけ口にされ、愚痴を聞かされた人はかないません。発散する相手は同じ状況に立たされがちな、ツーカーで理解し合える離宮か、忍耐強い艮宮、坤宮、中宮の人から選びましょう。または、その問題を考える余裕がないほど別のことに打ち込んでください。

運を伸ばすために心がけることは、気持ちの切り替えをことごとく前向きに明るくすることで、華やかな転身、よみがえる不死鳥、飛翔、というような鮮やかな脱皮ができます。

幸せを招くポイントは、主演女優が脇役俳優を大切にするように、あなたの周りにいる控えめな人、目立たない人に心を寄せ、親切にしてください。離宮についている影の部分を柔らかく吸収し、弱点をカバーしてくれるので、あなたは安定して明るいライトを浴び続けていくことができます。

◆より詳細な運の強弱と個性

1／1～1／5生まれの離宮　強い仕事運がポイントで吉の人間関係を築くことができますし、家庭運にも好影響を与えます。広い人脈を生かすとさらに仕事運が上昇します。健康面は夏負けに注意。

1／6～2／3生まれの離宮　プライベートな人間関係に恵まれています。ただし仕事関係の人とはどうしても仕事がらみの思惑から離れることができないので、クールなつき合いにとどめましょう。健康面は交通事故に用心。

2／4～3／5生まれの離宮　強運で、さらに円満な運を持っています。正しい直感力と華やかな雰囲気で周囲の人の心を明るくしていきます。健康面は炭水化物に偏らないようバランスのとれた食事を。

3／6～4／4生まれの離宮　もし波乱があるとすると、あなたから仕掛けてしまうことが多いのです。年下の人に親切にしすぎないで、さらりと対応してください。身内や地元の縁に恵まれていますので、頼り頼られて吉。健康面は背骨のゆがみに注意。

4／5～5／5生まれの離宮　転職が多くては本来の運を生かしきれませんから、仕事運の安定がポイントです。父親には頼らない。副収入、副業に吉運があります。健康面は不整脈をチェックしてください。

5／6～6／5生まれの離宮　何があっても、自分には大きな守護がある、と心の中で唱えて信じて進んでください。他人がいいきっかけを運んできてくれます。健康面は質のよい睡眠を心がけて。

6／6～7／7生まれの離宮　仕事運と家庭運に恵まれていて、頼るべき心強い味方は、これらの関係の内にあります。健康面はむくみに注意。

7/8〜8/7生まれの離宮　困難にぶつかるたびにファイトが湧いてきて、乗り越えるたびにあなたのファンが増えます。年齢とともに磨かれて、いぶし銀の魅力がそなわってきます。健康面は喉をいたわってください。

8/8〜9/7生まれの離宮　あなたの働く姿に吉運が吸い寄せられてきますから、たとえ一時期仕事運が細くなっても、長く続けると上昇運に。健康面は関節に注意です。

9/8〜10/8生まれの離宮　金運以外はバランスのとれた運の持ち主です。育った環境を大切にしてください。生きる根っこは幼児期の体験にあり、辛い時には子ども時代のいい思い出があなたを支えてくれます。健康面はけがに注意。

10/9〜11/7生まれの離宮　すんなり吉というわけではなく、凶をカバーする強い吉があり、弱点を補強する素晴らしい長所があるというように、マイナスを補う大きなプラスがあって、結果的にプラスになる、やりがいのある吉です。健康面は貧血に注意。

11/8〜12/7生まれの離宮　生涯を通して真の友人に恵まれます。またよい趣味を長く続けて栄誉が得られます。健康面はストレスに注意。

12/8〜12/31生まれの離宮　吉の仕事運を十分に生かすためには、上司に干渉されない分野、個人の采配がきく職場を選んでください。健康面は頭部、目に注意です。

離宮の愛情運

あなたは自分に自信がありますから、自分と同じ気質を持っていると感じた人に出会うと、恋の火がつくのも早いですし、周囲の反対があっても突き進み、いっそう燃え上がることもあります。反対が風を送る働きをしてしまうからで、うちわで火をおこすように熱くなります。世界は二人のために存在していると思い込んでしまうほどで、華やかに目立つカップルです。

恋人が見つからないあなたは、映画スターや雲の上の人に憧れて、叶わないと知りつつ片思いしていたり、友人の恋人が気になったり、自分には合わない方向を見て夢探しをしているのではありませんか？　自分の条件と、相手に求める条件を整理してから、恋人探しをスタートしてください。

見合いは吉です。それは離宮が、目の人、見る人でもあるからで、見合いの席で、文字通り「見る、合う」しながら直感的に合うか合わないか判断します。見合いの場合は比較的短い時間のうちに返事をしなくてはなりません。これも短期決戦タイプの離宮に向きます。

交際中は、相手も自分と同じ方向へ向かって生きていることがわかると、自分がもう一人いるように心強く感じて、倍以上の力を発揮できますし、第三者に対して戦わなければならないような時は、鉄のように固い連帯感が生じます。男と女、恋人という関係以上に信頼できる仲間になります。

同棲することになった場合、二人は愛を成長させていくことができます。事実婚になってある程度の期間が経ち満足できているなら、繰り返す、と暗示されていますから、継続していいでしょう。

不倫関係におちいって関係を隠したいと思っても、3月、6月生まれの人はばれてしまいやすい。1月1日～1月5日生まれと12月生まれの人は、必ずと言っていいほどばれます。もともと隠すことが下手な人なのです。

決心の早いあなたが愛を清算したいと思っても、相手はまだあなたの気持ちに気づいていない可能性があります。飽きたわ、マンネリね、というような言葉で別れの雰囲気を漂わせてください。そうして、相手を、別れたい気持ちにさせるのです。ぶっつり切り捨てないよう注意してください。

別れてしまったのち、次の恋は突然始まります。別れた原因をきちんと分析して、同じことは繰り返さないと自分に言い聞かせたら、もう終わった愛にとらわれないでください。後ろを振り向かないあなたの本領を発揮して、きっぱり切り替えることができます。

離宮の家庭運

あなたは家庭運に恵まれていますし、努力もしますから、問題を乗り越えるたびにいっそう家族の絆が固くなっていきます。

5月、8月生まれの人は、家庭内にトラブルがあった時は仕事を持っていることで救われ、仕事がうまくいかない時は家族があなたを支えてくれる、というように家庭運と仕事運が助け合っています。

大家族の場合は、あなたが中心になるのではなく、縁の下の力持ちのような役目を果たしてください。たとえばゴミ出し役、掃除係を引き受ける。家庭内でトラブルが生じた時は、もっとも落ち込んでいる人を慰め、立場の悪い人を擁護するというように。

小家族の場合は、パートナーの相談にのりアドバイスをする、子どもの勉強を見てあげるなど、先生役になりましょう。

子どもには、町内の清掃活動や公のボランティア活動に連れていくなどして、人のためにすることが自分のためにもなることを体で伝えてください。

子どもがいない場合は、いろいろな分野にパートナーと一緒にチャレンジして、ある時はライバル、ある時は感想や意見を言い合ってともに成長を。趣味を持つなら、「学ぶ」

要素を入れるのが吉です。

嫁姑関係は、スムーズに年上から年下へ流れていく力関係です。あなたが姑なら優しく見守る、それだけで十分です。あなたが嫁なら、姑が守ってきた家風や伝統的なスタイルを引き継ぐ方針で、聞き役に回ってください。意見が合わない時は、反論しないで聞き流すか、場を離れましょう。

実家との関係は、まずわが家のことを優先して、実家はその次です。軽重を間違えると、家族もあなたも振り回されて、気づかないうちにストレスがたまってしまいます。

ご近所づき合いは、大らかにゆったりと仲良く。親密度の目安は、旅行などで長期間、留守にする時に声をかけ合うことができる程度です。おかずのやり取り、日常的な物の交換やおすそ分けなどは不要です。

夫婦の円満法は、子どもの耳に届くところで夫婦喧嘩をしない、子どもを争いの種にしない、パートナーの不満を子どもにぶつけないなど、子どもを巻き添えにしない、緊張させない、安心した明るい笑顔でいられるようにすることです。

旅先や外出先での夫婦間のトラブルは絶対に避けてください。その不安があるなら予定を延期したほうがよいくらいです。

離宮の仕事運

キーワードは、知的、明るさ、「つく・離れる」です。

適職は、研究者や作家のように知的な仕事、人に希望を与える明るい仕事、俳優やファッション関係者のように華やかな仕事、また木製品を扱う職種や照明関係も向いています。

離宮の仕事運は、正反対の二つに大きく分かれます。

まず最初のタイプは、「つく・離れる」運を生かし、わかし↓いなだ↓わらさ↓ぶり、と名前を変える出世魚のように積極的に仕事を変えながら成長していく仕事運で、1月1日~5日を含む1月、2月、4月、5月、7月、10月生まれの人に多いのです。合わないと感じた時に職場を移る人、ある年数以上勤めて経歴にして次へキャリアアップしていく人がいますが、いずれもその道でいい仕事ができます。

無駄な転職を繰り返さないための注意点はタイミングです。弾みや勢いで飛びつくと、本来向いていることでも、時期が熟していないために挫折してしまいます。早いほどいい、進めばいいわけではありませんから、第三章で運気の流れを見ながら、上手にタイミングを合わせて決断してください。

仕事選びのポイントは、新か旧なら旧を選ぶ、ＩＴ関連のような新進の職種より歴史がある会社や伝統のある職種を選ぶことです。

さて、もう一方のタイプの仕事運は、「つく・離れる」運があらわれないようにする定着タイプで、3月、6月、8月、9月、11月、12月生まれの人に多いのです。この場合は「安定する」ことが大切ですから、正社員を目指して、転職を戒めてください。トップに立つ力を持っています。入社後に仕事が合わないと感じたとしても3年間は継続すること。それでも合わないと感じたら、それ以降に改めて考えてください。

どちらのタイプにも不向きなのは、直前に予定が変更になるなど、常に納期に追われ締め切りを催促される事態にさらされる仕事です。なぜなら、短期決戦タイプで常に駆け足をしているような状態のあなたが、さらに追い討ちをかけられることになるので、心身の限界を超えてパニックにおちいってしまうからです。

組織に入るなら、組織内で上司運、部下運に恵まれています。ただし3月、12月生まれの人は上司運、部下運にそれほど恵まれていない代わりに、仕事内容そのものに適応して発展できます。

独立、自営業は、3月、12月生まれの人が向いていますが、それ以外の月生まれの人で自営を目指すなら、のれん分けをしてもらう形で子会社を作る、グループ企業に入るなど対策をして進んでください。また実務を支える人が必要で、計算に明るいしっかりした補佐役をおいて、脇を固めることが必須です。家業を継ぐのは吉。

離宮の金運

離宮の金運は、悠々としているように見えて、締めるところは締めるというメリハリのついた使い方が理想です。

離宮の人は、本人が思っている以上に豪勢に使っていると思われてしまいがちです。パッと大きく使う時があっていいのですが、それだけでは家計は火の車になります。あなたが節約する項目は火と水に関することで、台所のガスと水の無駄使い、風呂の沸かしすぎや放置をなくすことです。

旅行やおしゃれ、趣味の娯楽費と交際費は全体のバランスを工夫してやりくりを。1月1日～5日を含む1月、2月、5月、11月生まれの人はとくにやりくり上手です。

また、宵越しのお金は持たない江戸っ子のきっぷのよさを持っています。それが「つく・離れる」運につながって、お金を使い出すと止まらない、勝負を賭けるといった、徹底した一面が出てきてしまうと問題です。

お金を貸す時、その場の気分で調子よく、ある時払いの催促なし、などと言ってはいけません。また借りる時も同じで、そのうち返します、出世払い、といい加減なことはせず、金銭貸借書を取り交わしてください。印鑑、書類は保管場所を決めたら変えないで。

余裕のお金は、1月1日~1月5日と6月生まれの人は動産運に強いので、自分に合うメイン銀行を決めて蓄財に励んでください。9月生まれの人は波乱含みで、一定額以上貯まると使いたい気分が湧いてきて、解約する、別のものに投資する、衝動買いをする、などに走りがちなので用心です。2月、5月、7月、8月生まれの人は、貯めるもよし、使うもよしで、生きたお金の使い方ができます。それ以外の月生まれの人は基本的に貯蓄に励んでください。

収入に波があった時にそなえて、一定の生活資金を蓄えておきましょう。著作権、各種特許などの知的財産、またネット販売に関して収入が期待できますので、それらは預貯金に回す方針で。

不動産には縁があります。離宮の人は「南の方位」が大切ですから、新築したり買ったりする時は、南面がふさがれた住戸は避けましょう。住宅ローンは、繰り上げ返済をがんばって。ただし5月、8月生まれの人はあまり不動産運が強くないので、難あり物件に手を出さないよう、受け渡し時に抵当権が外れているか、契約書類に不備はないか何度も確認してください。別荘を持つのは不向きで、旅をするなら、場所と気分を変えながら宿を自由に選んで泊まるのが賢明です。

離宮の健康運

あなたの健康運のポイントは、熱、循環器系、目、です。

発熱に注意して、目まいや立ちくらみ、頭痛も軽く見ないで、血圧計は必需品として常備しておきましょう。

循環器系の管理をよくして健康を保てますが、心臓に過重な負担がかからないようスポーツ時には準備運動を忘れずに、飲食直後の入浴や運動は不可です。冷え対策は必要ですが、逆に、熱中症やのぼせ、湯あたりにも注意し、冬場は浴室など温度差のあるところへ出入りする時に用心してください。

また流行に反応しやすい体質ですから、花粉症など季節のアレルギー、インフルエンザ対策は万全にして、子どもには各種の予防注射を忘れずに。

スポーツや習い事をするなら、美しい、かっこいい、と感じたものや、現在流行しているものが吉です。たとえばゴルフのようにウエアでファッションを楽しみ、プレイ後はゴルフ談議に花が咲いてまた楽しいというように、一貫してゴージャスなイメージの種類を。見ていて美しく、実際にやってみるとその何倍も楽しいダンスや民族舞踊、演劇なども吉で、人に見せることが励みになるような種類がよいのです。

また短期決戦タイプですから集中して、効果が目に見えて上がる種目を選び、見学や体験レッスンで効果を実感してから始めるといいでしょう。

日常的に心がける食事は、基本的に火を通した物を食べることが健康のプラスになると思ってください。たとえば水分補給は、生水よりも、いったん沸かした湯を冷ましてから飲む。豆腐は冷奴より湯豆腐、味噌汁の実にするほうが体質に合いますし、コーヒーや紅茶はアイスよりホットを。

かき氷やアイスクリーム類は、夏場はよくても、寒い中で食べるのは体に負担です。わずかな負担でも長年のうちに蓄積されていきますので、ある年齢以上になったら控えるように心がけてください。

最後の決め手は、魅力的な「目」です。アイメイクの化粧落としは丁寧に優しく、瞳を保護する点眼薬は必須ですし、睡眠不足に気をつけて大切に守ってください。

坤宮

こんきゅう

◆「坤」とは？

坤は、コンと読み、土のことです。東洋には「陰陽五行」という世界観があります。そのうち、万物は陰と陽の二つの気から生じるという「陰陽」説でみると、「坤」は陰陰陰（☷）の形になります。すべて陰なので柔らかく温かい。人間にたとえると、豊かに受け止めてくれる母、中年女性です。その一方、陰ばかりなのでおとなしい、忍耐、従順とみることができます。

また、この世は木火土金水の五つの気が循環して動いているという「五行」説でみると、「坤」は「土気」を持っています。

さらに、中国古代の書『易経』の中に六十四種類の卦《か》があって、その一つに「坤為地《こんいち》」という卦があります。坤を土とする、という意味で、「土」とはすべてのものを柔らかく受け止める大地のことです。

「母なる大地」というように「坤」は大地、母、女性をあらわしていて、「乾」が天、父、男性をあらわしているのと一対をなしています。ちなみに乾坤《けんこん》とは天地のことです。シンボルマークは「大地の美しい形、畑と水田」です。

坤宮のイメージと性格

「坤宮」のあなたのイメージは、**「畑で盆踊りをしている母」**です。

働き者の母が、畑作業の合間に、午後の明るい日を浴びて盆踊りをしています。

母は大地に根を下ろして生きる女性の象徴で、盆踊りをしているのは稲穂の実りを喜び、感謝しているからです。

全宮中もっとも無私の精神で働く人です。畑を耕すように、また水田で稲穂が垂れるように、命が生育する喜びを実感しつつ人生を送ります。

あなたの強みは、大地のようにすべてを受け入れる公平さにあります。

なぜ「坤の土」が「公平」なのでしょうか？

それは、土は、作物を作っているからといばるわけでもなく、靴で踏まれても文句を言わず、人が見ていようといまいと、一刻も休まずに働いて地中で作物を育てています。また畑は好き嫌いをしません。大根の種を植えたのに、畑が人参に作り変えたということはありません。まかれた種の通りに育てます。

さらに立派に実った作物を、人間が刈り取って持ち去っても、畑は作物を返してくれるとは言いません。畑は人間のするままを受け入れてくれますから、これほど無私で公平なものはありません。

あなたの対人運は、大地が作物の命を育てるように、相手を柔らかく受け止めますから、人はあなたに会うと安心できるでしょう。

弱点は、畑を耕す気が弱まってしまう時期、凶作ではないかと不安になる時期が、定期的に巡ってくることです。その時期は、やる気をなくす、意欲が衰える、面倒になってずぼらになるなど、自分はだめだ、と地味と陰気が合わさったような自信喪失におちいってしまいます。

注意点は、毎日することに手を抜かない、持続力を絶やさないことです。自信を喪失すると怠け心がやってきます。そのサインは、身の回りをかまわなくなる、入浴の回数が減る、食事の支度がおっくう、後片付けが面倒、掃除を省く、などで、生活を維持する基本を面倒と思うようになったら要注意です。雑草が生えて害虫がはびこる休耕田にならないよう、耕作を続けてください。

第三章で自分の運気のリズムを知ると、パワーが衰える時期がわかりますから、前もって低調期を克服する対策をとって、次の上昇気流にうまくつなげてください。

人生の歩き方を、「ウサギとカメのかけっこ」にたとえると、あなたは典型的なカメタイプです。時間をかけるほど着実に向上していきますので、ゴールを目指して、単純作業でも単調な繰り返しでも手を休めてはいけません。

困った時の対処法は、進まず、後退もしないで、時間稼ぎをするように現在のところにとどまること。「盆踊り」を終えた母がぼちぼち働き出すように、周囲もあなたも動き出して、進むべき方向が自然と見えてきます。

運を伸ばすために心がけることは、「人と比べない」をモットーにして、あせらない、と自分に言い聞かせながら「実質本位」に徹して進むことです。坤宮の人は実務に強く、時間をかけながら蓄えていく力がありますから、中身がぎっしり詰まって揺るぎがなく、やがて不動の地位を築き上げていきます。

内面は忍耐強く、対外的には協調性があり、年齢を重ねるほど上昇運にのっていく、晩年が楽しみな人です。

幸せを招くポイントは、「盆踊り」の晴れ着をまとうように、もっとおしゃれをすることです。ファッションセンスを磨くと、本来の「実質本位」に新たな輝きが加わって、幸せが吸い寄せられてきます。

◆より詳細な運の強弱と個性

1／1～1／5生まれの坤宮　仕事に充実した吉運がついていて、職場恋愛から結婚への道も開いています。健康面は肝臓に注意。

1／6～2／3生まれの坤宮　仕事運は吉ですが、公私混同せず、人間関係はつかず離れずの方針で。金運は必要に応じて融通ができても、右から左に使ってしまわず、できるだけ長く自分のところに留め置きましょう。健康面は喉に注意で、発声練習が吉。

2／4～3／5生まれの坤宮　婚家や実家に依存すると本来の運が足止めされます。自分らしさを模索して強い気持ちで行動すると、協力者があらわれて吉運が動き出します。健康面は消化器系に注意。

3／6～4／4生まれの坤宮　平々凡々でのんびりするより、目的に向かってまっしぐらに進むほうが合っていて、あなたの背中を周囲が全力で押してくれます。健康面は流行病、ウイルスに注意です。

4／5～5／5生まれの坤宮　年下の人に慕われ、子どもを可愛がります。本職顔負けの趣味、本業以上の副業を持てますし、社会の一線で活躍できます。健康面は血管を健康に。

5／6～6／5生まれの坤宮　仕事と家庭、公私をきちんと分けて。仕事がらみの人を家庭で接待するのは不向きです。健康面は慢性化しやすい病気に注意。

6／6～7／7生まれの坤宮　バランスのとれた吉運の持ち主。仕事運が少々波乱含みですが、仕事関係以外の人たちに支えられて乗り切れます。賭け事は不可、吉運が減ってしまいます。健康面は毛髪のケアを。

7／8～8／7生まれの坤宮　独立して吉の仕事運です。もし組織に入るならできるだけ自由がきく職種を選んでください。家庭運に恵まれて、趣味も楽しむマイペースの人生を送ることができます。健康面は笑いが招福にもなり大吉。

8／8～9／7生まれの坤宮　バランスのとれた運の持ち主ですし、世代を超えて幅広い人間関係を築くことができます。健康面は肩や腰のコリ、関節に注意です。

9／8～10／8生まれの坤宮　強運の持ち主で、地域と身内を大切にすると運を維持できます。健康面は冷えを防いで体調管理。

10／9～11／7生まれの坤宮　バランスのとれた運の持ち主です。仕事で信用問題に注意しながら進むと、他の吉運もなめらかに動いていきます。健康面は血行をよく。

11／8～12／7生まれの坤宮　期待されているゆえに試練が与えられます。故郷の自慢の人物になれるよう、成功の夢を持ってがんばってください。希望とやる気がもろもろの悩みを散らしてくれます。健康面はストレスと消化器系に注意。

12／8～12／31生まれの坤宮　吉の仕事運と厚い信用運があります。仕事の人間関係を充実させて、個人的な人間関係は淡白に。健康面は呼吸器、流行性の病気に用心。

坤宮の愛情運

あなたは全宮中で、もっとも愛を育てる力を持っています。知り合ったきっかけはどうあれ、いかなる形で愛が始まっても、愛の花を咲かせ実を結ばせる努力をします。

それはこの宮に愛の種を根気よく育てる力が与えられているからで、枯らしたり、蕾《つぼみ》のまま散らしてしまうことはありません。さりげない一言に実感がこもり、真心が伝わります。

愛を育てるコツは、いつも同じ態度で安定的に、どんな小さなことにも具体的に対応することです。百万回の甘い言葉をささやくよりも、一回の誠意ある態度を示してぐっと相手の心を自分に引き寄せてください。

恋人が見つからない人は、自己アピールが足りません。陰陽のバランスをみると、坤宮はすべて陰でできているため、基本的におとなしいのです。しかし恋人を探しているなら、それでは損で、もっと積極性が必要です。ふられたらどうしようと思ったり、私なんかダメ、と不必要に謙遜するのは、恋が成就するか否か以前の問題です。まず、好きなら好きとはっきり相手に気持ちを伝えてください。

交際中で本命の相手には、作物を育てる畑の宮らしく料理で胃袋とハートをつかんでゴールインしてください。その場合、坤宮の本領を発揮して、ケーキや嗜好品《しこうひん》ではなく毎日の実質本位のおかず作りで迫ること。献立の説明だけでもいいのです。結婚を控えている人で今まで料理をしたことがない、不得手だという人は、凝《こ》ったものではなく、ご飯と味噌汁と一品を美味《おい》しくマスターすることからスタートすると、短期間で必ず上達します。

同棲することになった場合は、望む方向へあなたから動き出しましょう。このままがいいなら現状維持で。結婚を望んでいるなら親に紹介、解消するなら別れ話を、あなたが切り出してください。

事実婚で、第三者の存在が割り入ってきたなら断固排除してください。それ以外のことで問題を抱えていても、希望があるなら継続しましょう。その間に少しずつ相手の態度が、また社会の枠組みがあなたに吉の方向へ、満足できる情勢へ変わっていくでしょう。

もし金銭面の負担が大きいなら、きちんと数字を示して解決を。すべて具体的に進めることが大切で、陰で愚痴ったり不満を抱えたまま黙っていてはいけません。またこれから事実婚に入ろうとしている人は、進んでOKです。

不倫関係におちいった場合、こちらからは動きにくい状態ですから、相手の出方に応じて動いてください。もし現状に満足できるようなら維持してもかまいません。愛を清算したくなったなら、愚痴や小言を繰り返しぶつけて、相手を向こうへ追いやってください。

別れてしまったのちは、あなたのよさが伝わらずに残念でしたが、いずれ別れる恋だった、痛手がもっと大きくなる前に別れてよかった、と思ってください。そのままいくと傷が深くなっていたでしょう。

坤宮の家庭運

あなたは日々の細かいところにまで目が行き届き、まめに動く家庭的な人です。さらに吉にするポイントは、仕事にも家庭にも公平にエネルギー配分をすること。そのためには仕事と家庭を分けて、できるだけ仕事を家に持ち帰らないようにしましょう。退社後は仕事からすっかり離れるのがよいのです。

平日は仕事を、休日は家庭を、余暇は趣味を育てるというように、さまざまな作物を実らせながら、人生を豊かにしていくことができます。

大家族の場合は、あなたの得意なことや特技で一目置かれるようにすること。子どもからお年寄りまで年齢に関係なく、家族全員が一人一分野、得意なことをアピールしていくと、それぞれが尊重し合って円満にいきます。

小家族の場合は、どこよりも自宅が一番居心地のいい場所になるよう努力してください。

これがうまくできたら、人生の半分は成功です。

あなたの美点である「無私」の心は、子育てに向けてください。子どもをあいまいに甘やかさないで、親は指導者である、親に言われたことは守る、としつけて。育てている時間そのものが豊かなのですから、老後の世話をしてもらおうなどと、見返りを夢にも期待してはいけません。

子どもがいない場合は、地域で必要とされている役がありますので、参加活動を。またボランティア、同窓会などの世話役や幹事役を買って出てください。

嫁姑関係は、夫をはさんで向こう側に姑が、こちら側に嫁がいるという図式ではいけません。直接対話が吉で、趣味や好み、価値観が共通しているともっとよくなります。

実家との関係は、あなた自身が幸せな家庭を築いていくことが最大の孝行ですから、実家のことに口出しせず、実家からも干渉されないようにして、友愛的に。

ご近所づき合いは、実家との関係と同じ気持ちでつき合ってください。

円満法は、好きな物は夫婦で違っていてかまいませんが、「嫌いな物、苦手な事」は一致するよう、時々、好きな物や嫌いな事について話し合いましょう。

もし共通の趣味を持つなら「古き良き時代」を共有することが吉ポイント。神社の境内や通り、広場で行なわれる骨董市、道具市、陶器市、植木市、各種バザーへ出かける。買わずに見て回って、楽しく冷やかすだけで十分です。

注意点は、将来の展望と対策を怠りがちなので、事前に手を打ってください。子どもが生まれたら学資保険に入る、将来のライフスタイルを考える、子どもが独立する前に自分たちは老後の住まいを話し合う、などして先へ希望をつないでください。

坤宮の仕事運

あなたがする「盆踊り」は皆が調子を合わせていますね。輪になって踊り、ある時は一歩引いてまた踊る、というように団体行動を楽しんでいます。

坤宮の長所である協調性がもっとも発揮されるのは、仕事面においてです。なぜなら、坤宮が「盆踊り」をしているのは畑で、畑はあなたの仕事場だからです。

適職は、根気強さが求められる組織の中で働くことが合っていますし、皆で一つの目的に向かって進んでいく現場、仲間と組み立てていく仕事、チームワークが求められる職種、机上研究ではなく現場研究、実用に役立つ分野です。

具体的には、農業、果樹園など植物に関する仕事、ペットや動物を扱う仕事、女性が多い職場、保育士など子どもに関する仕事、補佐役や秘書、事務、エコ関連など幅広くあります。

不向きなのは、単独行動で個人プレイを求められる場合です。本来あなたは他と歩調を合わせて進む人ですから、一人になると調子がとれず、リズムが乱れてしまいそう。でも、やむを得ずそういう場に立たされた時は、周囲と事前の打ち合わせや十分な下準備をしてから臨むと、うまくいきます。

仕事選びのポイントは、働く場所がどのような畑か、環境かです。労働条件や環境が合っていれば、仕事自体はそれほど好きでなくても、うまくやっていけるでしょう。

組織に入ったあかつきには、どのような配置についたとしてもチームの一員としてきっちり役目を果たしますから、堅実な評価を得られますし、信用が高まっていき、その場にどうしても必要な人材として重用されるようになります。

「盆踊り」が輪になってぐるぐる続いていくように、選んだ仕事は途中で辞めないで細く長く続けていくこと。踊りながら地面を踏み固めていくように、実力がついていきます。まじめを絵に描いたような坤宮ですが、うまく運にのることができず運が逆回りすると、怠け心が出てくるか無気力になってしまいます。仕事を辞めたくなるのはこういう時ですから、気をつけてください。

独立や自営業は、生活に密着している実質的な業種が向いています。宝石や高級ブランド品を扱うより、景気にあまり左右されない、地に足のついた実質本位のものを薄利多売の方針で、小さく始めて大きくしていってください。大々的に宣伝して鳴り物入りでスタートするようなことは合いません。また、親や親族筋の仕事を継ぐのは吉です。

坎 艮 震 巽 離 坤 兌 乾 中

坤宮の金運

あなたの金運は、貯蓄運と散財運がせめぎあっています。基本的には地道に貯めながら大金に積み上げていく金運を持っています。ところがある程度貯まってくると、貯蓄運と同じくらいの強さで、無駄遣いをしてしまう散財運が頭をもたげてきます。

貯蓄のアドバイスは、新しい情報が入ってくるたびに進んだり退《ひ》いたり迷いが出ては、本来の堅実さを生かすことができませんので、方針を決めたら武士のごとく志を固くして、ぐらつかないでください。

出費に関しては、安物買いの銭失いにならないように。セール会場の雰囲気に呑《の》まれて衝動買いをする、人にすすめられて断りきれず買ってしまう、最後のチャンスという広告につられる、景品やおまけ欲しさに不要な商品を買ってしまうなど、小さな浪費が多くあります。小額の無駄遣いをストップしてどれだけ我慢できるかが、蓄財を左右します。

12月生まれの人は、貯蓄運が大きく散財運が小さいので、安心して預貯金を増やすことを目標に励んでください。2月、5月、6月、7月生まれの人は、定期預金のように一定期間預けてがっちり貯めるより、必要な時にお金の融通がつくという流動的な金運を持っています。このためにいっそう散財運が入り込む隙ができてしまうのです。自分の金運の傾向を知って、納得できるお金の使い方をしてください。

余裕のお金があっても、それを頭金にして多額のローンを借りてはいけませんし、実際に手元にある金額以上の使い方をしてはいけません。また高額賞金が当たるような錯覚を起こして賭博性の高いものに手を出すと、身動きができなくなってしまいます。

不動産運は、遺産として譲り受ける、親と同居するなど、身内と関係していることが多く、3月、9月生まれの人は不動産運に恵まれています。しかし2月、5月、11月生まれの人はあまり強くありませんから無理をしないように。もし買う場合は、取引にまつわるトラブルに気をつけて。物件の買い換えをするなら、売却が決まる前に購入契約をしてしまうような不安要素がある複雑な取り決めはしないよう、注意してください。

坤宮の健康運

あなたの健康運のポイントは「胃腸」で、大切にいたわると長命を保つことができます。ただし、見た目につられて、お腹がいっぱいでも食後すぐでも、出されるとつい別腹に入れてしまう傾向があります。フルーツや洋菓子よりもとくに和菓子、中に餡《あん》などが詰め込まれている饅頭《まんじゅう》や大福、お団子、わらび餅、お汁粉、ぜんざい、羊羹《ようかん》など和風の甘味を戒めてください。

〝欲しがる目〟に負けず、頭脳的に考えて食べることを心がけましょう。また主食と副食のバランスに注意。つい炭水化物を食べすぎ、運動不足におちいり、その結果太ってしまう悪循環にならないよう、くれぐれも用心です。

そのためにジムに通う、特別なメニューをこなすなど、集中的にがんばる必要はありません。それよりも日常的に散歩する、一駅歩く、車に乗らず自転車にする、日々のテレビ体操をする、などをおすすめします。いつでもどこでも手軽にできる、しかし奥が深いという種類があなたに向いていますし、予防効果も高く功を奏します。また「土」を司っている宮ですから、家庭菜園、ガーデニングなどで心身ともリラックスできます。

健康運のもう一つのポイントは「清潔」です。清潔を保つことは当たり前ですが、あなたの場合は徹底してください。毎日の入浴は必須で、おしゃれは素肌美を磨くことに尽きます。とくに坤宮の人は年齢を重ねるほど素肌の美しさに磨き効果が出てきますので、これ以上の武器はありません。

掃除をしなくても死なない、と散らかしっぱなしの人がいますが、それは間違っています。部屋にゴミや埃《ほこり》をためておくと、運気が衰えていくと同時に体調も下降していきます。がんばっているのにうまくいかない、原因が思いあたらないのに元気が出ないという人は、まず部屋を掃除し、衣類を洗濯し、不用品を一掃してください。室内の空気を入れ替えてすっきりしたところで、次に白い小皿に塩を盛っておいてください。あなたの運を清める効果があり、マイナス運をゼロ地点にまで回復させる力があります。

スポーツや習い事をするなら、一人でするものより複数で楽しむものがよく、団体競技が合います。また以前やったことがある種類、子ども時代に習っていた稽古事も吉です。専用の道具をそろえたり、釣りのように海や渓谷へ出かけていかなくてはできないことは、長続きしない可能性が大です。

最後の決め手は、予防に尽きます。痛くも痒《かゆ》くもない、自覚症状がないところで体が悲鳴をあげている場合がありますので、定期健診を受けて、自分の数値を把握しておいてください。また予防注射も心がけましょう。

兌宮

だきゅう

◆「兌」とは？

兌は、ダと読み、心をつけると悦になり、喜悦の悦で喜びと楽しみをあらわします。

東洋には「陰陽五行」という世界観があります。

そのうち、万物は陰と陽の二つの気から生じるという「陰陽」説でみると、「兌」は陰陽陽（⚋⚊⚊）の形です。柔らかい陰が固い二本の陽の上に乗っかっている状態で、人にたとえると、幼い女の子が父親に肩車をしてもらって喜んでいる姿です。

また、この世は木火土金水の五つの気が循環しているという「五行」説でみると、「兌」は「金気」にあふれています。

さらに、中国の古典『易経』の中に六十四種類の卦《か》があって、その一つに「兌為澤《だいたく》」という卦があります。兌を澤とする、という意味で、澤は砂漠のオアシスのように潤いをあらわします。シンボルマークは「喜びのぶどう」です。

兌宮のイメージと性格

「兌宮」のあなたのイメージは、「果実酒を作っている少女」です。ぶどうを発酵させて作るワインは果実酒の代表で、少女は歌いながらフルーツを籠いっぱいに収穫して、果汁をしぼり、あふれるほどの喜びに満たされています。籠の中にはぶどうの他に、オレンジや贅沢な嗜好品、デザート、美味な物すべてが入っています。

私たちが愛らしい少女を見て心が和《なご》み、フルーツに感謝し、さらに発酵させて香り高いワインを味わうように、少女たち、美味、完熟果実は潤いと喜びの象徴です。兌宮の人は、このような人生に喜びをもたらす潤いの宮に生まれました。

人生の楽しみ方が実にスマートで、人気があって、アイドル的な要素にあふれています。他の人が丹精して育てた果実を丸かじりする、いいとこ取りの兌宮は、周りを楽しい気分にさせることも上手です。人々は、兌宮の「澤」で沢遊びをし、魚釣りをして楽しみます。

他のどの宮と比べても、兌宮は楽しさばかりが浮き彫りになります。天は、生きる楽しさ、この世の喜びを伝えるために兌宮を地上につかわしました。そんなあなたの強みは、両手いっぱいのフルーツを抱え満ち足りていますので、ゆとりがあり、どんな状況も明るい方向に受け止めて、それぞれの個性やよさを認め、前向きに考える天性の力を持っていること。

対人運も、色とりどりの喜びを味わうことをモットーにしていますから、基本的に争いを好まず、人に譲ることが多いでしょうし、それが人間的な肌触りのよさになっています。苦手意識を抱いている人に対してさえ好意的に接しますので、生涯を通してファンに囲まれ、気づかないところにも隠れファンが大勢います。

弱点は、やる気が衰えて脱力してしまうと、楽しさの裏面にある安易な面が出てくることです。適当なところで満足して、相手に頼りなさ、物足りなさを感じさせてしまいます。また厳しい競争に追い込まれると早々に参って、遊びに逃避したり、楽なほうへ流れる傾向が。真剣にやり抜かなくてはならない時に、50パーセントのところで、このくらいでいいと妥協してしまう、これでは困ります。

兌宮の人は、悲観的な状況になった時も海底まで深く落ち込むことはなく、ぽちゃんと池にはまったくらいの悩み方で楽観的にとらえます。これはとてもいいことなのですが、逆に、困難に出会った時に切り抜ける解決方法、脱出策がよくわからない、危機管理にうといのです。

注意点は、自分が正しいと信じる時、すわ一大事という時は、踏ん張って自己主張してください。違うと思ったら、強引に押しつけられても受け入れないで、状況に流されないように。そうしないと、後で苦しい立場に追い込まれてしまいます。

困った時の対処法としては、「楽しみの器」を持ってこの世に生まれてきていますから、悩んでいる最中にも買い物に出かける、花を飾る、たとえ短時間であってもおしゃべりをする、趣味に打ち込むといった楽しみを放棄しない。そうすることが気分転換になり、知らず知らずのうちに立ち直るきっかけとなり、しかもトラブルを経験したことで成長していきます。

この世には物作りをして運を伸ばす人と、人の中で運を伸ばしていく人がいますが、あなたは後者です。運を伸ばすために心がけることは、さまざまな人に出会い、会話の力を磨いていくこと。相手とあなたの運がともに伸びていきます。

幸せを招くポイントは、愛嬌です。具体的には、毎朝、鏡を見て口角《こうかく》（口の両端）をきゅっと上げて微笑を作り、表情筋を鍛えて、口元の笑みを絶やさないようにしていてください。真剣になっていてもどこかに余裕があるような、周囲に希望を与える雰囲気がにじみ出てきて、幸せの波紋を幾重にも広げていくことができます。

◆より詳細な運の強弱と個性

1／1〜1／5生まれの兌宮　バランスのとれた運の持ち主ですが、仕事でマイナスがあるとそれを補うプラスがあり、好調で油断すると足を引っ張られる、というように気を抜けません。仕事以外で趣味など自分の世界を持ってください。体調管理は気持ちを安らかに保ちましょう。

1／6～2／3生まれの兌宮　太陽を背負っているような強運の持ち主で、トップに立つ運を持っていますから指導力を発揮してください。健康維持は血圧を管理して。

2／4～3／5生まれの兌宮　優しい人ですが、信念を持って進むと後ろから応援団がうちわを持ってあおいでくれます。玄関や階段でつまずかないよう注意。健康面は無理なダイエットはいけませんが、肥満はもっとダメです。

3／6～4／4生まれの兌宮　身内と縁が深く、助け合います。ご近所づき合いは淡々と、結婚問題と仕事選びは慎重にしてください。体調管理は夜更かしをしないで、不整脈に注意。

4／5～5／5生まれの兌宮　穏やかですが、権力をかさに着て物を言う人には猛然と反発する気概があります。友人運、家庭運に恵まれます。健康面は頭痛は早く解消して。頭皮のマッサージ吉。

5／6～6／5生まれの兌宮　強運の持ち主ですが、仕事を決める時は慎重に。すると正しい判断ができて吉方向へ進みます。健康面は定期的に循環器系をチェックしてください。

6／6～7／7生まれの兌宮　チームプレイより、ユニークな個性を発揮して独立独歩型で進んでください。仕事運に恵まれています。健康面は目をいたわり、日焼けも含むやけどに用心。

7/8〜8/7生まれの兌宮　モノにするまで粘り強くがんばったら、その後は、パッと遊んで気分転換を。気持ちの切り替えを鮮やかにするのが吉ポイントです。健康面は下半身のだるさとむくみは適度な運動と休養で解消する。

8/8〜9/7生まれの兌宮　バランスのとれた運の持ち主です。身内を頼らず、わが道を進んで輝かしい名誉運があります。健康面は転ばないよう、打撲に注意。

9/8〜10/8生まれの兌宮　逆境の際に大飛躍できる運の持ち主ですから、前を向いて、身内を味方につけて自己主張してください。昔を懐かしがるようなことは不向きです。健康面は呼吸器に注意。

10/9〜11/7生まれの兌宮　世間の評判を気にせず、一筋の光に導かれていると強く信じて進むと、実力も名誉運もついてきます。健康面は疲労はその日のうちに、遅くても週末には解消するよう心がけて。

11/8〜12/7生まれの兌宮　バランスのとれた運の持ち主です。過去や伝統にとらわれず楽しいアイデアを実践、時代の先端を切り拓いて。健康面は運動不足、生活習慣病に気をつけましょう。

12/8〜12/31生まれの兌宮　バランスのとれた運の持ち主なのに、自分から波を立ててバランスを崩してしまうことがあります。結婚を急ぐ必要はありません。健康面は交通でけがに注意。

坎　艮　震　巽　離　坤　兌　乾　中

兌宮の愛情運

あなたは喜びを司る宮ですから、友人以上恋人未満の人たちが多くいるでしょう。身の回りが恋の花で飾られているような香りと明るさがあります。

あれほど素晴らしい人に恋人がいないはずがない、すでに恋人やパートナーがいるに違いない、と思われがちです。遠巻きにあなたを見ている、あるいは相手同士がけん制し合っている、ということもあります。

恋人を探す場合、一目ぼれのような強いエネルギーを感じることが少ないので、一人に絞りきれません。幼なじみや友人など、すでに知っている人の中から誰かを恋人に昇格させるのもいい方法です。

ところで、実際に恋人探しの行動を起こしていますか？　口では探していますと言い、心でそう願いながら、実は待ち人願望があって、ただ待っている状態ではありませんか。星の王子様は空から降ってくるものだ、と錯覚していませんか。そういうことは起こりません。

交際が始まったなら、楽しいだけでは、いまいちパワー不足で物足りません。絶対この人でなくては、という決め手を探してください。

同棲することになった場合は、楽しい旅行中のような状態になります。お互いに同棲は一時期のことと割り切っているなら吉です。変化が多く楽しめますが、安定からは遠いところにいます。延長線上に結婚を考えているなら、第三者の影が出てこないか注意してください。

事実婚ですと、正しい形に帰る、が吉です。正しい形とは結婚形態だけを指すのではありません。さまざまな愛の形がありますので、あなたにとっての正しい形を考えてください。現在の制度下では事実婚が男女のあるべき姿と信じるなら、そのように進んでください。別居婚がいいと考えるなら、それもありです。いずれにしても急いではなりません。ゆっくり進むと、正しく真実の愛の形にたどり着くことができます。

不倫関係におちいってしまうと、男性が主導権を握っていて一方的で、そのためにあなたは振り回されてしまいます。仕事がらみで始まる不倫は、兌宮らしさから遠い愛の形なので、愛が疲れてしまう前に終わりにしてください。

愛を清算したくなったなら、言葉の力は絶大です。清算したい気持ちを正確に伝えて、説得してください。いきなり音信不通にする、または喧嘩別れをするのはいけません。

別れてしまったのちは、すでに過去の愛が去ったからと、すぐ別の恋人を探すようなことはしないでください。過去の愛を自分の力にして、もっと素晴らしい次の愛に進むまでの踊り場的な、休憩場所になるのが飲食の場です。同性の友人と食事、喫茶しながら過去を告白し、語り、愚痴をこぼし合ってください。そうすると心の深いところで愛の力が前へ動き始めます。

兌宮の家庭運

家庭運は、強くないけど弱くもない、といったところです。あなたは家にどっぷり浸《つ》かることは向きません。いざという時の避難場所、疲れた時に真にくつろぐ場所、楽しむためのリゾート地のような家庭が理想です。

大家族の場合は、大家族の中に核家族がある二重構造になってしまうので、くつろぐことができず、次第に窮屈になってきます。二世帯住宅の方は、玄関を別にする、食事を別にする、あるいは食事だけ一緒にするなど工夫してください。

小家族の場合は、家族単位で行動すると固い結束ができます。

嫁姑関係は、嫁や姑の立場にしばられないで、人間同士として気持ちが通じていればよく、細かいことはお互いに干渉しない方針でいきましょう。

実家との関係は、子どもを連れて時々訪ね、子の成長を報告するというように穏やかに。

ご近所づき合いについては、ゴミ出しや町内会の集まりなど必要最小限のマナーを守って、あとはつかず離れずで。深入りすると楽しいことばかりでなく、見たくないことも見なくてはなりませんし、悩みの種を拾いに行くようなことになりかねません。あなたのエネルギーは近所へより、もっと広く、社会へ楽しさを伝えることに使ってください。

家庭内の円満法は、わが家の記念日の設定です。結婚記念日、誕生日、合格した日、入社した日、ことあるごとに記念日を決めて、お祝いの行事、思い出の行事をしてください。おめでとう、と一言いうだけでいいですから、毎月の恒例として根づかせましょう。時にはビリになった日も記念日にして、辛かった当時を語ることで現在の幸せをかみしめてください。

また、「秤《はかり》にかけると上のほうが重要」という暗示がありますから、似たことが同時に起きて迷った時は、上位のほうを選ぶといいでしょう。

注意点は、婚家と実家、姑と嫁、母と娘、世代が違う女同士での物のやり取り、貸し借りを少なくすることです。時代が違いますから趣味や流行が合わないのは当然です。使い込んだ高級な桐タンスでも、譲られた次世代夫婦の家には置き場所がないなど、違和感が生じがちです。

あなたが姑や母の立場なら、世代も家風も違うから考え方も違う、と自分の胸に言い聞かせる、そうすると自分の思いを嫁や娘に押しつけることは控えるでしょう。あなたが嫁、娘の立場なら、気持ちはありがたいけど困るという場合は、言葉でなく、雰囲気でやんわり断ることができれば理想的です。努力してください。

兌宮の仕事運

あなたの仕事運は、守備範囲は広いのですが、どの職業であっても一直線に右肩上がりではなく、いったん下がって、そこから少しずつ上昇していくという運勢です。いったん下がるのは、仕事のために何かを犠牲にする、回り道をする、中断しなくてはならないことがあるからです。

たとえば資格を取ろうと学校に入り直したために仕事が頓挫《とんざ》した、など、一時マイナスのように見えても長い目で見るとプラスの仕事運を持っていますから、「損して得とる」方針で進んでください。

適職は、アナウンサーや声優のように「声」を使う仕事、営業やサービス業のように人に接する仕事、芸能関係のように人を楽しませる仕事、プロジェクトを組み他の人と「協力」しながら進めていく仕事です。

他の宮と比べてみましょう。

震宮と兌宮はともに「声」を出す仕事が向いていますが、震宮はアンテナで受信したニュースを「通る声」で瞬時に伝えるのに対し、兌宮は芸能情報を「楽しい声」で地域の人に伝えるように、あなたにはゆったり気分が漂っています。

また坤宮も兌宮も「協力する」仕事が向いています。坤宮は流れ作業的に協力するのに対し、兌宮は異業種がそれぞれの特技を披露し自己主張しつつ協力するように、個性的です。つまりあなたは個性を表現できる楽しい仕事が吉なのです。

不向きなのは、機械のように完璧を求められる仕事、マニュアルに従う仕事で、ここには兌宮の「少女が舞い上がって喜ぶ」楽しいイメージはありません。寸分の狂いもなく完成させることを求められると苦痛で、まるで自分が人間でないように感じられてきて、ストレスが増加していきます。

仕事選びのポイントは、タイミングです。今年探し始めたら来年までかかる、今月なら来月までかかる、2か月目、2年目、あるいは2月に決まる、12月まで待つなど、2のつく時に変化があります。

組織に入るなら、人間関係が重要です。3月、8月、9月、10月生まれの人は年上か年下の人が力になってくれますので、困った時には相談しましょう。1月1日~5日を含む1月、4月、6月、7月、12月生まれの人は同僚か友人が心強い味方です。2月、5月、11月生まれの人には年齢や立場に関係なく職場に相性のよい人がいます。

独立、自営業は、不安定です。軌道に乗って拡大したのに期待したほどではない、新規に始めたけれど前のほうがよかった、などで落ち着きません。言われたから継ぐ、家業だから仕方なくするような受身的な継ぎ方は、同様に不安定です。

しかし思いつきでなく、支えてくれる人間の輪が整うまで、長い時間、少なくとも4年間かけて準備したことなら吉です。

兌宮の金運

兌宮の人の金運には二つのタイプがあります。いい金運に恵まれたい、お金が好きな兌宮がいる一方で、毎日楽しく生活ができればそれでいいじゃないか、という兌宮がいます。一見、正反対のように見えますが、金額の多寡は違っても人生を楽しむ気持ちは同じです。楽しむのに100万円必要という人と、1万円で十分楽しいと感じる人との違いです。

どちらの金運タイプにも共通しているのは、高収入の時があるかと思えば低収入の時がやってくるというように、収入に波があって流動的ですので、高収入を得ることよりも安定収入をはかってください。また、どうしても必要な時は、立場や収入に応じてそれなりに融通がつきます。

日々、あなたが節約する項目は主食をのぞく食費で、副食、おやつ、外食、嗜好品などです。これらが冷蔵庫の中に賞味期限切れで残っていないか、食べ残して捨てていないか無駄をチェックしてください。

また食費のほかにも、照明のスイッチをまめに切る、見ないテレビを習慣でつけていないか、水道の出しっ放しなど、電気・照明と水の無駄をなくすことです。

兌宮の人は、お金を使うことは楽しいと知っていますから、貯金通帳の数字を見ているだけでは楽しいはずはなく、かえって欲求不満になってしまいます。時々、ご褒美《ほうび》をあげる口実をもうけ、一定額を決めてその範囲内で買い物や高級ランチの食べ歩き、新発売のケーキを買うなど美食を楽しんで、自分のために使ってください。

余裕のお金は、自宅に置いておくタンス預金は不用心ですから、金融機関に預けてください。その場合、ハイリスク・ハイリターンの金融商品はいけません。

貯蓄運で気をつけることは、あるのに使えない状況にしてしまわないこと、動かせるようにしておくことです。兌宮は基本的に「融通のお金」に吉縁がある人ですから、長期の定期預金や解約しにくい投資、途中解約すると損してしまうような預け方は向かないのです。

利息はそれほどでなくても元本保証されているもの、換金性の高いものにしてください。実際に使わなくても、必要になった時はいつでも使うことができるという安心感を持つことが大切なのです。

不動産は、人生計画に自宅購入プランを加えてください。今すぐでなくてもかまいませんし、家の大小は問いません。またマンションでも一軒家でもいいのです。あなたが自宅を所有することに意義があります。というのは、兌宮は楽しい星の下に生まれていますが、それだけでは不十分です。自宅を買うことによってあなたに重みがついて、本来持っている楽しさがいよいよ光り出すからです。

兌宮の健康運

健康運のポイントは二つ。「呼吸器系を鍛える」と「楽しみつつ健康になる」です。

まず「呼吸器系を鍛える」は、「声」を出すことです。朗読をする、絵本の読み聞かせをする、昔話の語り部になる、毎朝経を唱える、神社へ参拝した時は祝詞《のりと》をあげるなど、すべて吉です。

歌を歌うのが楽しい、プラス声を出すのは体によい、というように楽しさが伴うと、なお吉です。とくに3月、9月、10月生まれの人は呼吸器をいたわりつつ鍛えてください。

次の「楽しみつつ健康になる」は、楽しみながらいつのまにか運動になっていて、他の人にも喜びを感じさせるようなことです。フィギュアスケートやダンスのように音楽があり、やって楽しく、見て楽しい遊びの要素があるもの、ゲーム感覚のあるものがいいのです。

旅行も吉です。プランを考える時点で旅はもう始まっていて、精神的な高揚効果が健康法になります。

スポーツや習い事をするなら、面白いと感じたことにともかく挑戦してください。一つのことを長く続けるのが必ずしもよいわけではありませんから、合わないならすぐ止める、飽きたら休むというように、興味のおもむくまま自由にトライしていいのです。

日常的に心がけることは、食後はすぐに動かず少し休憩する、同じ姿勢でする仕事なら時々体を動かす、お茶の時間を利用して軽い体操をする、睡眠不足なら10分昼寝するなど、こまめに小刻みに、体にいいと言われていることを実践してください。

3月、4月、5月、7月、12月生まれの人は、二十代のうちから骨粗鬆症の検査を受けて自分の骨密度をチェック。

強運食は、フルーツ類のすべてです。生で食べるのはもちろんですが干柿などドライフルーツも吉。またおやつになるような甘みのある野菜、乾燥芋のように加工して甘味が出るものも力になります。

究極の美容健康法は、おしゃれです。色、柄、素材、デザイン、行く場所の雰囲気などに神経を総動員させて、さまざまな要素を組み合わせるおしゃれは、総合的な美容健康法です。

装うだけでなく、着て外出する楽しみが加わることで吉運は倍増し、しかも見る人を心地よくさせることができます。兌宮の人にとって、年齢なりに美しく装うことは必須で、健康と長寿の大切な要素になります。おしゃれは私に任せて、という気概を持ってください。

乾宮

けんきゅう

◆「乾」とは？

乾は、ケンと読み、天のことです。東洋には「陰陽五行」という世界観があります。そのうち、万物は陰と陽の二つの気から生じるという「陰陽」説でみると、「乾」は陽陽陽（☰）の形になります。すべて固い陽ですから、これほど完全なものはなく、純粋です。大理石のような強さがあり、盤石である一方、柔らかさがまったくないので、ポキッと折れてしまう、鏡がパリンと割れてしまうような心配があります。

また、この世は木火土金水の五つの気が循環して動いているという「五行」説でみると、「乾」は「金気」にあふれています。

さらに、中国古代の書『易経』の中に六十四種類の卦《か》があって、その一つに「乾為天《けんいてん》」という卦があります。乾を天とする、という意味です。天は常に動いていて止むことがないので、完全無欠や神をあらわし、私たちの身の回りの物でいうと、反射する鏡、輝くダイヤモンド、金属でいうならプラチナ。完全無欠の象徴である国王などをあらわします。シンボルマークは「正確無比な時計」です。

乾宮のイメージと性格

「乾宮」のあなたのイメージは「100メートルダッシュをする裁判官」です。いったん大きな目標を立てたら、生死を賭けるくらいの気迫でがんばります。

あなたはスポーツマンのように鍛えているので体力は万全で、裁判官のように右から左まですべてを見渡して視野が広く、個人的な感情を入れずに客観的に正しい判断を下そうと努力します。

全宮中もっともスケールが大きく、道筋を立てて話しますので説得力もあります。

強みは、「誇り高い」「正義を求める」心意気にあります。この人を理解するキーワードは「完璧主義」です。何もかも出来すぎることがかえってマイナス、欠点のないのが欠点、と言われてしまうほどに隙なく、まんべんなくこなしていきます。

この宮の誇りは自分自身に向かっていて、自分が納得することがもっとも大切なのです。100メートル競走で一位の栄冠を得ることよりも、自己ベストを更新したか、自分が納得できるタイムかにこだわります。

坎 艮 震 巽 離 坤 兌 乾 中

あなたを一言で言いあらわすと、立派な人、です。女性なら「凛《りん》とした美しさ」を持っていますし、男性なら威厳ある父親、裁判官。場所でいうなら役所や国会議事堂のように会議や議論、形式が重んじられる公の場のイメージです。

あなたの対人運は、鏡がすべてを客観的に映し出すように、表裏がなく、誰に対しても手抜きをしないで公平に誠実に対応しますから、対人面での失敗は少ない人です。

ただし「裁判官」のイメージで相手にきちんとした印象を与えますが、その反面、きちんとしすぎて感情の起伏を抑えるクールな人というような印象を与えることが多いでしょう。それは乾宮が「鏡の宮」でもあるので、相手側にしたら、こちらの気持ちがガラスに反射するように跳ね返されてしまう、つるつるすべって取っかかりがないように感じてしまうためです。

あなたの弱点は、細やかな情緒がストレートに相手の胸に伝わりにくいことです。感じたことをそのまま表に出さず、自分の中で法律用語に組み立て直してしまう傾向があって、プライベートでも公式発表をしているような固い印象を与えてしまいます。「乾宮」が持っている金気は希少金属のプラチナですから、高貴で隙がない、と思われてしまうのもやむを得ません。

したがって注意点は、実際のあなたはそうではないのですから、高貴で近寄りがたい人と思われてしまわないよう、防禦《ぼうぎょ》していると勘違いされてしまわないように、身ぶり手ぶりを大げさなくらいにして喜怒哀楽を表情豊かに、本音をぶつけて話すよう心がけましょう。

困った時の対処法のポイントは、完全を目指してこれほどがんばっているのですから、もうがんばるのはやめること。それよりも逆に、リラックスして脱力すると、閉塞《へいそく》状態に風穴が開いて、危機を脱出できます。

リラックスする方法として、金気のあなたを包み込んでくれる「土気」のことをするのがよく、土に触れるガーデニングや陶芸、日曜農業、また編み物やアクセサリー作りなど「手」を使って物作りをする。子どもと言葉遊びをするなど素朴なことで気持ちが休まり、ストレス発散になり、そして開運行動になります。

運を伸ばすために心がけることは「柔らかさ」。どうしてもがんばってしまうフル回転の宮で、これを止めることはもはやできませんから、固い完全ではなく、柔らかい完全、本音トークの完全を目指してください。できます。

幸せを招くポイントは、もっとたくさんの本音を語ってください。そうすると七色の虹が流れ込んできて、あなたの世界が一枚鏡ではなく万華鏡のように、幸せが何倍も豊かに広がります。

◆より詳細な運の強弱と個性

1／1～1／5生まれの乾宮　自分に対する強い信頼がありますので、すべて乗り越えていけます。でも自ら上司にぶつかっていくのは慎んでください。健康面は目、頭部に注意です。

1／6～2／3生まれの乾宮　波があっても、愚痴をこぼしながらでも前向きにがんばってください。すべての面に発展する人です。健康面は移動中のけがや不調に注意して。

2／4～3／5生まれの乾宮　バランスのとれた運の持ち主。名誉運に恵まれ、隠れた福運を持っている多趣味の人、懐の深い人です。トラブルが起きるのは長年のひずみが生じているからで、初心に戻ると解決策が見えてきます。安定した健康運を持っています。

3／6～4／4生まれの乾宮　自分が考え抜いたことを、納得するまで実行してください。賛同者や応援者があらわれます。健康管理は冷えに気をつけて。

4／5～5／5生まれの乾宮　失敗をバネに伸びていくファイターですから、タイミングよく乗り切ってください。自信喪失におちいった時は、身近にいる人に励まされて元気を取り戻すことができます。健康面は睡眠不足と不整脈に注意。

5／6～6／5生まれの乾宮　仕事以外で没頭できる趣味や遊びを持ってください。気持ちのリセットに役立ち、仕事にもよく反映されますし、趣味で名誉を得る運があります。

体調管理は骨を強くしてください。

6／6〜7／7生まれの乾宮　強運の持ち主で、旅行関係の仕事、外資系の会社など海外にも吉運があります。仕事を通して人間関係が充実します。健康面は喉、急性の病気に注意してください。

7／8〜8／7生まれの乾宮　バランスのとれた運の持ち主ですが、遊びに安易に流れないよう戒めてください。気楽な仲間より、気を使い緊張させられる人のほうがあなたを鍛えてくれます。健康面は流行病に弱いので早めに予防対策を。

8／8〜9／7生まれの乾宮　自力で切り拓いたことに大いに自信を持って。いい評判が定着して若い人から慕われます。健康面は腰、関節に注意です。

9／8〜10／8生まれの乾宮　多少強引でも家族、幼なじみ、近隣の人たちがあなたを受け入れてくれます。単身赴任などで家族と離れるような仕事は不可です。健康面は根性でがんばりすぎない、過労に注意。

10／9〜11／7生まれの乾宮　細く長くマイペースでいきましょう。ボランティア活動など日の当たらないところに種まきをすると飛躍的に仲間が増え、視野が広がります。また、隠れファンが大勢います。健康面は過食過飲を自重。

11／8〜12／7生まれの乾宮　バランスのとれた運の持ち主で、全体的に安定しています。健康面はアレルギーに注意してください。

坎
艮
震
巽
離
坤
兌
乾
中

12／8～12／31生まれの乾宮　強運の持ち主。仕事のために生活を捧げるような情熱家で、強く自己主張すればさらに強運が磨かれます。健康面は頭部と、気持ちの乱れに注意。

乾宮の愛情運

愛に対してストレート型のあなたは、直球で愛を告白するほうが似合っています。遠回しに匂わせるような告げ方は合いません。幸い乾宮は愛と仕事が絡み合っている宮で、愛が仕事を育て、仕事が愛を育てていきますから、仕事の延長線上で爽やかに告白できるでしょう。

相手の仕事ぶりに刺激され、相手もまたあなたの完璧なやり方を見習う、というように刺激し合ってともに成長していくことができます。

ただしこの関係は、プラスだけでなくマイナスに作用することもあります。たとえば愛を貫くために自分の仕事を犠牲にして相手の転勤先についていく、愛を成就するために仕事の可能性に目をつぶる、自分で自分の才能を潰してしまう、相手に摘み取られてしまう、というように足を引っ張られることがあります。そんなことにならないよう、しっかり自分らしさを貫いてください。

恋人を探すなら、仕事がきっかけで愛情が生まれる可能性が高いので、職場結婚も大いにあり得ます。候補者がいないか、職場内や取引先の関係者を見回してください。同性だけのグループ行動には参加しない、参加するなら男女混合のグループで、異性と触れ合うチャンスを増やすよう心がけましょう。

友人以上恋人未満の時は、楽しい旅を続けているように充実していても、発展を望むなら恋の目的地へ早くたどり着いてください。

交際が停滞気味になった時でも、いい風が吹いてくるタイミングがありますので、相手の新しい一面を再発見してください。

同棲している場合は、時間が経つほど葛藤が深くなり、身動きがとりにくくなります。同棲期間が短いなら解消へ、3年以上経っているなら結婚の方向へ。

事実婚になる場合は、自分を信じてください。周囲の目や社会の状況が変わってきていい方向へ進みます。

不倫関係におちいった時、3月、12月生まれの人は第三者に知られてあなたが不利になります。10月生まれの人はあなたから関係を壊してしまうことが起きます。それ以外の月生まれの人も終わりにしなさい。

愛を清算したくなったなら、仕事の多忙か体調不良を理由にするといいでしょう。

別れてしまったのちは、これまでのように愛に対して過大な夢を抱きすぎないで。次の愛に入る時は、相手に対する要求を小出しにすること。最初から気持ちをオープンにしてしまうと裏目に出ます。

乾宮の家庭運

あなたの家庭運は白い大皿のようです。家族が、人々が集まってきて皿の上でくつろぎ、喉の渇きを癒やし、ほっとできるような家庭運を持っています。

もともとスケールの大きな宮ですから、家全体の雰囲気がよければＯＫで、あまり細かい点にまで神経を尖《とが》らせないでいましょう。

したがって大家族の場合は、厳しすぎもせず、放任でもなく、絆がゆるやかに結ばれているならそれでよしとしてください。家庭内に女性の笑い声が健やかに響いていると満点です。

小家族の場合は、家の中に温かい光がありますが、光を消さないように努力をしなくてはなりません。信頼関係の第一歩は、あなた自身のことなら第三者にどれほど言ってもかまいませんが、夫や子どものプライバシーは言わない、家全体のできごとを井戸端会議で不用意に漏らさないことです。子どもに対しては、基本的に見守る方針でいきましょう。

嫁姑関係は、あなたが姑なら今のままで。何十年も生きてきた人生観がありますから、姑が態度を変えることは至難の業です。したがってポイントは嫁側の対応にあり、ストレスがたまらないよい方法は、つかず離れずの距離感です。必要な時は心をこめて一対一で接する。でもそれ以外では、子どもや夫も交えて過ごすと楽です。家庭という一つの皿の上で、嫁姑がとなり同士でくっついて座っていないで、皿の白地が見えるくらいに少し離れて座るイメージでいると、精神的負担がなく、お互いに平和でいられます。

実家との関係は、和やかに安定しています。頻繁な行き来はしなくていいのですが、用事がある、頼み事をする時はぜひとも力になってもらいましょう。

ご近所づき合いは、つき合いをよく、声をかけ合って吉です。外出時の防犯対策になりますし、発信したSOSを受け止めてくれるのもご近所です。祭りや行事がある時は楽しさを共有して、積極的に役を引き受けるなどしてください。

円満法は、家族の年間行事をできるだけ早く決めること。たとえば年の始めに、家族全員が話し合いながら、わが家の一年間の計画をカレンダーに書き入れておくと、共通理解になりますし、それぞれが前もって十分に心の準備をしておくことができます。書き込まれた日時と文字を見るたびに、カレンダーが家族に自発的な参加を促す役目をします。

注意点は、行き先が楽しい遊びの場所でも、思いつきで突然、行こう、と家族を動員する、役割を強制するなど、管理的な空気にしないことです。

乾宮の仕事運

あなたは「100メートルダッシュをする裁判官」ですから活動的で、仕事に生きがいを感じますし、仕事があなたの人間的な魅力を引き出し磨いてくれます。

もしも現在の仕事が好きでないという人は、好きになるまで打ち込んでいないか、あるいは仕事の種類があなたに合っていないかです。集中して徹底してやってみて、どうしても好きになれないなら、転職を考えてください。それほどにあなたは仕事と相性がよいのです。

適職は、法律関係、銀行や証券会社など金融関係、病院関係、車や交通関係、機械関係、プラスチックや化学製品を扱う関係も吉です。公に仕えるようなスケールの大きな宮ですから、国家プロジェクトで動く仕事、国際機関や官庁の公務員も吉です。

加えて、裁判官が法服を着ているように、警察官、飛行機のアテンダントなど制服を着てする仕事も向いています。位の高い宮ですから神仏に仕える神職や宗教関係、動いて止まない活動的な宮なのでスポーツ関係、コンピューター関係、天の宮でもあり気象予報士など天文に関する仕事もいいでしょう。

また、あなたは標的が定まるとファイトが湧いてきてダッシュをかけますから、かねてよりしたいと思っていること、小さい頃から憧れていたことに向かって挑戦してください。実現に大きく近づきます。

一方、不向きなのは、ダッシュしたいのに走れない状態に置かれることです。ゴールがどこにあるかわからない流動的な仕事、目的がはっきりしないか変更になるなど先が読みにくい仕事は苦手ですし、自由出勤のように勤務時間があいまいなところは向きません。自宅から遠い、通勤時間がかかりすぎる職場は、間接的ながらマイナス要因になります。

仕事選びのポイントは、「～のために」という大義名分がある、具体的に目的を立てやすく明確に期日が決められる種類を条件にしてください。

組織に入るなら、あなたは責任者として部下を引っ張っていく牽引《けんいん》車のような役割を担うことができます。

独立、自営業は、基本的に吉です。現在は勤めているけれど独立したい、自営業を始めようとしている人は前向きに考えてください。その場合、以前勤めていたところや官公庁とつながりをつけると、波があっても着実に運が上昇していきます。また海外に関する種類、ネット関係の仕事も吉です。

乾宮の金運

あなたの金運は、大河のようにゆっくり太い流れを持っていますので、お金を追いかけるよりも、お金がやってくるのを待ち受けるような気持ちでいてください。

金運の川は太いけれど、川幅が広すぎて向こう岸に渡れないというようなことがあります。大金を持っているのに定期に入れていたり、投資中のために解約できない、現金化できない、使いたい時にすぐ使えないというマイナス点があるものの、大金に縁があります。

他の宮と比べてみましょう。

兌宮も乾宮も同じ金気で、ともに動産に縁があります。兌宮は今日使える1万円を持っているけれど、乾宮は100万円あるのに来年まで下ろせないという違いがあります。兌宮は融通がつく小金持ち、あなたは計画性のある大金持ちです。

このように乾宮は、スピードはなくても着々と蓄財計画を進めていく長所が身についています。

注意することは、乾宮の金運はガラス張りですから、あちこちに収入の道を模索してはいけません。収入を増やしたいなら、アルバイト収入や副収入を探すのではなく、本業による増収を工夫しましょう。

日々、あなたが節約する項目は、冷蔵庫の中身チェックです。詰め込みすぎないように気をつけて。お得なはずのまとめ買いが、かえって無駄になっていませんか？

余裕のお金は、投資して不動産に変えるよりも、動産のまま金融関係に預けておくほうが合っています。そして取り扱いはシンプルに、鏡に映すように一目瞭然にしておくのがよいのです。あちこちの銀行や金庫、証券会社に分散して預けるより、金融機関を少数に絞って、まとめて貯蓄するとお金の動きがわかり、目が行き届いて管理が楽です。

不動産運は、動かすのは自宅が中心です。それ以外に別荘やマンションを買うなどは、たくさんの話が持ちかけられても消えていきそう。もし購入しても投入資金額ほど使用することはなく、管理の手間がかかりやがて手放すことを考えるようになりますので、初めから視野に入れないほうがよさそうです。

中でも5月、7月、8月生まれの人は不動産運にトラブルがつきまといがちですから要注意で、とくに8月生まれの人には赤信号がついています。ただし1月、4月、9月生まれの人は不動産に縁がありますので、将来の収入対策として投資用物件を買っても大丈夫です。

乾宮の健康運

あなたの健康運は、「呼吸器」「心臓」「頭部」を大切に守ることです。ポイントは運動にあり、よく働いてよく動くを基本に心がけてください。食べすぎや偏った栄養バランスで「食」が乱れた時にカバーしてくれるのが運動で、激しい種類である必要はありません。「目的」と「結果」が直結している運動が向いています。たとえば、最初に体重を3キロ減らすという目的を立ててから、時間を決めてジムに通うなどすると、減量の結果が明らかにわかりますし、数値であらわすようにするともっと励みになります。

スポーツクラブに入るなら、全国共通という安心感が乾宮の意識に合っている、チェーン展開している組織、広いネットワークを持っているなど規模の大きいところが合いますし、市町村が行なっている公共のスポーツ施設も吉です。ジムで機械を使う運動もあなたと相性がよく、記録をつけて自己ベストを目指してください。

近くにそういう施設がない、時間がとれない、あまり体力がないという人にはジョギング、ウォーキングがあります。

歩数と時間とカロリー消費量が表示される万歩計を買って、体につけて歩き、走ってください。そして毎朝、体重を計ってカレンダーに書き込み、あわせてウォーキングの歩数も書き込むようにすると、歩数と体重の関係と変化がわかりますね。このようにはっきり目的を立てると、完全主義のあなたはきっちり実行し結果も出ますから、長続きして効果的です。

スポーツや習い事の種目に迷っているなら、知人がやっていること、尊敬する人がしている種目に参加して同門になるといいでしょう。

仕事運が強いあなたには、たとえばゴルフのように、仕事と連動しているものも吉です。日常的に心がけることは三つあります。一つめは腹式呼吸。二つめは血圧計を常備してチェック、同時に不整脈にも気をつけてください。三つめは足にあります。足に合うシンプルなデザインの靴を選ぶことは必須で、足裏マッサージ、足指を広げるグッズも活用してリラックスさせ、末端の血流をよくしてください。

最後の決め手は、衣装収納タンスのそばに全身鏡、洗面所に顔の細部を映す拡大鏡、玄関に身だしなみ鏡を置いて、裁判官のように公平な目で肌の状態と全身をチェックしてください。心の調子も体調も、鏡に映し出されているはずです。

中宮

ちゅうきゅう

◆「中」とは？

中は、チュウと読み、真ん中、中心、中央のことです。特別な宮で、他の八つの宮の中心に座して全宮に接していて、四方八方に通じています。その一方、すべての宮に囲まれているので八方ふさがりになる心配もあります。

東洋には「陰陽五行」という世界観があります。そのうち、この世は木火土金水の五つの気が循環しているという「五行」説でみると、「中」は「土気」を持っています。その「土」は、すべてを受け入れる大地の強さをあらわしています。

中宮以外の宮は、中国の古典『易経』にその宮を解説する卦《か》がありますが、「中」だけはありません。なぜなら、他の八つの宮の特徴やタイプをすべて内包している総合的な宮だからです。とはいえ、決して八つの宮の寄せ集めではありません。独立した一つの宮として、中宮のみが持っている運勢と特徴があります。シンボルマークは「すべてを巻き込む渦」です。

中宮のイメージと性格

「中宮」のあなたのイメージは「青春映画を撮影する監督」です。多くのスタッフに囲まれる現場にいて、あちこちに伸びていく可能性がある青春映画を撮っています。

脚本家、俳優、エキストラ、照明、記録係、カメラマン、編集者ら大勢のスタッフに指令を飛ばして、一つの作品にまとめ上げていかなくてはなりません。どれ一つ要素が欠けてもいい作品はできませんから、監督のあなたはにこやかな笑顔と理知的な頭を持って、バランスよく進行させていきます。周囲に支えられてこそ、いい仕事をしていくことができる立場だとも言えます。

経験も十分にあり、顔なじみのスタッフに助けられているものの、期日までに仕上げて徹夜で編集作業をしなくてはなりませんし、完成後、映画館で上映されたあかつきには観客の入り具合も気になる、というように、最初から最後まで全工程に気を配らなくてはならない、それもあなたの役目です。

強みは、運の波が少ないこと。周囲のスタッフが防波堤になっているからですが、その代わり、防波堤になってくれる人たちの動静に敏感にならなくてはなりません。しかし大丈夫、それに見合うだけのタフな神経がそなわっています。

中宮は全宮中もっとも気配りをする人で、力があるうえに多才な人です。これに面倒見のよさが加わると、頼りがいのある親分肌の人物になって、多くの人に慕われます。

そんなあなたの対人運は、八方が囲まれているので守りが固く、そのためきっちりした印象を与えます。一方、中央に座していますから観察眼があり、周囲の人たちの長所や短所、個性をよく把握しています。ある個性と別の個性をかけ合わせる、ある人の長所と別の人の短所を組み合わせて伸ばすなど、人や物の配置と組み合わせが得意なあなたの元には、多くの人が集まってくるでしょう。人の集まるところへさらに人が寄ってきて、何重にも人垣に囲まれる対人運を持っているのです。

弱点は、イメージが違う、スケジュール通りに進まない、トラブルが起きた、興行成績はよかったのに批評家が辛口だなど、気遣いにはどこまでいっても終わりがないこと。途中でつまずいたと感じると終点が見えなくなり、八方ふさがりになったように立ちすくんでしまいます。またあなた自身の回転が止まると周囲の動きも止まってしまうため、軸がぶれないよう、コマが倒れないよう気を張っていなくてはならず、自分で気づかなくてもプレッシャーになっています。

ですから、365日24時間ずっとがんばっていてはいけません。いつも人目にさらされているような宮なので、時に自分を守る防波堤が眼前に立ちはだかる壁と感じられ、狭い部屋に閉じ込められたように息苦しくなる時があります。それはあなたが持っている「土気」に空気が通らない窒息状態ですから、土を掘り起こして空気を入れる必要があります。

仕事や家事を離れてまったく別のことをする、気分転換に買い物をする、ただ空を眺めて心を空っぽにする、夏休みや有給休暇を目いっぱいとるなどして、心身ともに風通しをよくしてリフレッシュしてください。

困った時の対処法は、いきさつを調べて原因を正しく見つけることです。そうすると自然に解決方法が見えてきますので、自分の足で立ち上がることができます。その呼吸に合わせるかのように、タイミングよく周囲から温かい手が差しのべられるでしょう。八つの宮が肩を組んであなたを強く支えていることを忘れないでください。

運を伸ばすために心がけることは、解放される時間を積極的に持って、公と私、仕事と遊びのバランスをうまくとること。本来持っている多才を伸ばし、総合力をより発揮できるようになります。

幸せを招くポイントとして、監督が、できあがった映画を他人に見せて幸せの種まきをするように、成果を周囲に報告してください。また、あなたは千手観音のように救いの手を持っていますので、周囲へ伸ばしている温かい手を引っ込めないで、できるだけ広げていてください。手のひらに幸せがのってきます。

◆より詳細な運の強弱と個性

1/1〜1/5生まれの中宮　プライベートな関係よりも仕事運に恵まれ、忙しくても充実し、仕事を通して人間関係が広がります。また、吉の結婚運を持っています。健康面は運動によるけがが、急性の病気に気をつけて。

1/6〜2/3生まれの中宮　全体的にバランスのとれた運の持ち主で、プライベートな対人面では、衝突があったからこそ親友になれたという関係を築くことができます。健康面は流行病に注意。

2/4〜3/5生まれの中宮　できるだけ早く独立して、輝かしい運を切り拓いてください。健康面は不調が慢性化しやすいので、症状が消えても十分に手当てをしてください。

3/6〜4/4生まれの中宮　身内が力になってくれますし、頼りにされて縁が深まります。不動産運が強い人です。健康面は間食をしすぎないよう栄養管理を。

4/5〜5/5生まれの中宮　自分だけの楽しみ、穴場を見つけるのが上手ですし、趣味を深めると生きがいになります。広い交友関係を求めるより、少数でも真の関係を築いてください。健康面は骨折注意、深呼吸で肺を鍛えて。

5/6〜6/5生まれの中宮　正しいひらめきの持ち主で、素直に念じつつ努力して希望が叶います。また楽しい友人運に恵まれます。健康面は腰、肩コリに注意してください。

6／6～7／7生まれの中宮　バランスのとれた運の持ち主です。仕事にはエネルギー全開でぶつかってください。またあなたは秘密を隠し通すことはできません、必ずばれますので、最初から持たないこと。健康面は風邪を長引かせないよう注意。

7／8～8／7生まれの中宮　いろいろな分野に顔がききます。立場や年齢の壁を超えて楽しく、をモットーにすると、アラジンの魔法のランプのように願いが通じます。健康面は関節を柔らかく。

8／8～9／7生まれの中宮　北側の窓にまで日が当たるような明るい運を持っていますから、試練を乗り越えられます。問題が起きるとこじれやすいので対応を早く、放置しないのがコツ。健康面は腰を大切に。

9／8～10／8生まれの中宮　身内の縁と郷土愛に燃えている宮ですから、ここを中心に据えて人生プランを立てるのが幸福の近道。健康維持は、立ちくらみに気をつけて。ゆっくりストレッチが吉です。

10／9～11／7生まれの中宮　仕事運が幸せへのポイントで、人より早く技術や資格取得に着手し、自己アピール力を身につけてください。健康面はストレスをためないように早く発散しましょう。

11／8～12／7生まれの中宮　バランスのとれた運の持ち主。問題や悩みは仲間や友人に話すと解決の糸口が見つかります。健康面は胃腸に気をつけて、間食のしすぎ、甘味のとりすぎ、寝る前に食べるのは厳禁。

12／8～12／31生まれの中宮　仕事運と遠方に吉があるので、留学や海外勤務など世界へ視野を広げましょう。健康面は呼吸器を大切にしてください。

中宮の愛情運

あなたは相手の心の中をたちまち察し、その上で相手が身にまとっている空気、雰囲気を大切にします。どのような出会いであっても、最後には、あなたが気を使う以上に相手に気を使ってもらえる愛の持ち主です。

全宮の真ん中にいて全方位を見渡している中宮ですから、恋愛中にも仕事をおろそかにするようなことはなく、愛と仕事、公と私、内と外を混同することはありません。

また恋人時代以上に、結婚してからのほうがもっと相手を好きになります。同じ気配を持っている人を相手に選ぶので、もう一人の自分に出会っているような気持ちになるからです。

恋人を探すなら、素の自分を見せてください。相手はあなたのような高嶺《たかね》の花に近寄りがたいと思っています。憧れのマドンナで終わってしまわないように、ドジな一面もあることがわかると相手は安心しますし、ぐっと垣根は低くなります。その上で、会う時は晴れた日の噴水のある公園や、木々の緑の見える場所が吉で、木の精があなたの愛を後押ししてくれます。

交際期間が長引くと前方に山がそびえてきますので停滞しやすく、なお結婚に至らない状態が長く続くようなら、山を越えることなく固まってしまう可能性が大です。

同棲することになった場合は、口論は多いながらもまっすぐに進んで吉です。

事実婚ですと、感情がつながっている限りは続いていきます。でも、冷静な話し合いができなくなり、重く感じるようになったら別れ時です。

不倫関係はあまり起きない宮です。でも、もしそうなってしまうと、どうしてもそうせずにはいられないという切迫感がないままに不倫を続けていく状態になります。

愛を清算したくなったなら、一方的な宣告ではなく、逃げるのでも連絡を断つのでもなく、しっかりした言葉で対等に話し合う以外にありません。

別れてしまったのちは、別れた相手はもはやその他大勢の一人にすぎません。過去の愛を未練がましく引きずらず早くすっきりしてください。

中宮の家庭運

あなたは外界に対して気を配る人ですからプライベートは二の次と考えていて、家庭についても後回しになりやすく、その意味では家庭運は強いとは言えません。家庭という宝物を得ようとする時には、別の宝物を手放さなくてはなりません。そのため婚期が遅くなってしまう人もいます。

しかしいったん家庭を持ったあかつきには、いい家庭を築き上げようと努力し、大切にしますので、この意味で家庭運は強いのです。自分の中でパートナーの占める位置は日ごとに大きくなっていくでしょう。

大家族の場合は、平和時は何事もないように過ぎていきます。でもいったん家庭に問題が起きる、トラブルが発生する、わが家の平和が脅かされる気配を感じると、目が覚めたように素早く行動し、的確に対処して、がぜん力を発揮します。

小家族になるほどいい家庭を築こうとする気持ちが強く、がんばりすぎて家族に干渉する、逆に自分が束縛されてしまうことがあります。新発売される製品の話、旬の話題などで新鮮な驚きや小さい発見を共有すると、幸せの風が吹きます。

子どもには、小さいけれど一個の人格を持った人間として、家族の一員として対応しましょう。教え込む、しつける、命じる、など上から目線の感覚は持たないでください。

嫁姑関係は、あなたが姑であっても嫁であっても、いい意味でなりゆき任せにしておいて、事が起きたら、それはその時その場で柔軟に判断するのが吉です。こうしようという方策や事前の構えより、素直に、とっさに相手の懐に飛び込むほうがうまくいきます。

実家との関係は、巣立った後はこだわらなくていいのです。あなたは実家からも婚家からも精神的に独立している人です。

ご近所づき合いについては、引っ越してきた当初と同じく、深入りしない方針でいきましょう。町内やマンションの住民として果たすべき役割、必要なルールはきちんと守って、それ以外の個人的な交際は浅いほうが楽です。近所づき合いをよくすると、仕事が終わって帰宅してからも走り回るようなことになってしまいます。

円満法として、家族単位で動くことが合っています。家族旅行では目まぐるしいスケジュールを組むのはいけません。山か海なら山へ、あちこち見て回る周遊型よりも一か所でゆっくりする滞在型を選んで。正月はホテルに滞在して過ごすのを恒例にする、定宿を決めてもう一軒のわが家のような感覚で泊まる、別荘のように使う、そこで出会った人と親しくなる、などは吉です。

注意点は、常に人に囲まれてごちそうを配り歩いているような全方位に気を使う宮ですから、追いつめられないように。家庭では解放されて心身ともリラックスしてください。

中宮の仕事運

中宮の人は、バランス感覚が抜群でよく目配りがきいているので、司会、進行、まとめ役が向いています。それも単に会を進行させるだけではなく、対話しながら会をある方向へ引っ張っていく司令塔として力を発揮します。

世界中の人が集まってする国際的な仕事にかかわることにも向いています。なぜなら、あなたは八つの異なった宮に接しているので、異文化や他民族を理解できるからです。仕事でも異質なものが混じっているものに惹かれ、すべてのことを知った上で、それに一つの方向づけをしたくなるのです。まとまりがつかなくなった時の調整役、各種相談係、カウンセラーのような、対話する職種も合います。

トップに立つ力を持っていますが、自分からなりたいと手を挙げるよりは、周囲から押されて、それに応える形でトップになることが多いでしょう。そしてあなたが統率した場合、グループや組織は家庭的な雰囲気にまとまっていきます。

粘り強く、あきらめない、がんばる人ですから、かつてやりたかった仕事があるなら、それも復活させて選択肢の一つに加えてください。

不向きなのは、一本調子の仕事。たとえば結婚式に関する仕事は、すべて〝おめでたい〟一色に塗りつぶされていますね。こういうワンパターンを繰り返す仕事には向きません。アイデアのみで勝負しなければならない仕事も長続きしません。また、命令して引っ張っていかなければいけないワンマン型は疲れてしまいます。それはあなたが対話型で、周囲の意見に耳を傾けながら進んでいく宮に生まれているからです。

仕事選びのポイントは、さまざまな要素を入れながらまとめ上げていく、総合的なことができる職種かどうか、です。困難で複雑なために他の宮が放り出してしまうようなことも、あなたなら興味深い形にまとめて成果を上げることができます。

中宮は特殊な宮で、表裏がひっくりかえってしまうことがあって、転職を考えている人の場合、吉凶ともに大逆転してしまう可能性があります。大失敗から大成功へ、その逆もあります。

組織に入る場合は、どのような分野であってもアドバイスする役目を担うようになります。

独立、自営業は、一貫して一人でする仕事は吉です。それ以外は、レールが敷かれている上を進むのが吉なので、親や親族の跡を継ぐ二代目や三代目などになるのはいいですし、他人に託されて後継者になることも、よく考えた上でなら吉です。しかし、あなたが初代になるような起業には向きません。

中宮の金運

高収入の人も収入が少ない人も、それなりにバランスがとれて安定しています。四方八方から入ってきても同じように四方八方に出ていきます。たとえば、財産を貯蓄、投資、不動産の三つにバランスよく分割するように、支出も同じように全項目にバランスよく配分できます。

他のすべての宮に囲まれ、注目されていますから、〝財産は他人に言うものではなく、自分で守るもの〟と心して、お金の使い方に関しては目立たないほうがいいのです。

注意点は、取引の金融機関を多くしすぎない、複雑にしないことです。あちこちに複数の口座があると混乱してしまう、勘違いしてしまう、印鑑と通帳が一致しない、残額不足でカード支払いができないようなことがつきまといます。

また、取引に関しては、急いで決めてしまわないこと。後日もっといいものが出てきたりします。事前の説明をよく聞いて、一呼吸置いて、納得してからでも間に合います。実際にお金を動かす段になって契約解除や中断、撤回などトラブルや手違いが生じないよう、よく準備してください。

余裕のお金は、果報は寝て待てという言葉がぴったりで、長く寝かせることに尽きます。究極の最長期間の生命保険をはじめ、「長期間」をキーワードに、各種保険を検討してください。

自分のことをよくわかっているので、金銭面で冒険をすることはしませんし、穴場を探すようなことはせず、賭け事的なことにも向きません。

もし投資するなら、株のように電子取引をするものではなく、金やレアメタル、たとえばプラチナのように現物があって長期間持っていられるものがいいでしょう。

貯蓄運は、強固に守られていて吉です。金融機関をどこにするか決めるにあたっては、情報の網を全方向に巡らせてその道のプロに聞き、あらゆる条件を検討した上でいくつかに候補を絞り、その中で交通の便利なところに決めてください。また身近な人がしているのと同じ金融機関の、同じ貯蓄方法にするのもいい方法です。

不動産購入は、生活スタイルも条件も変わっていきますので慎重に。年単位で計画しなくてはならない大きな買い物ですから、シングルを通す、結婚する、転勤する、定年後を考える、バリアフリーに変えるなど、動かしがたい条件が決まってからでも間に合います。

中宮の健康運

あなたの健康運のポイントは、「体全体のバランスをよく」することにあります。まず体のゆがみをとること。肩や腰の左右の高さが違う、首がどちらかに傾く癖がある、左右の靴底の減り方が違う、などをチェックしてください。

中宮の人は、治療よりも予防を第一にして健康維持をはかりましょう。八方に守られていて病気もあまり寄ってこないために、とくに弱点の部位がなく、健やかな体を持っています。

そのために、自覚症状がないから大丈夫と思ってしまう傾向があります。多少の不調はそのうちによくなる、気のせい、と放置してしまいやすいのです。自分でコントロールする強い力はあるものの、自己治癒力を過信しないでください。自分の感覚は大切ですが、気がつかないまま進んでいく不調、気づきにくい生活習慣病もあります。もっと早く気がついていれば、とならないよう、職場の定期健診、区や市町村で行なう検診、また自発的に人間ドックへ入ることなどを心がけて。

あなたの美しさのポイントは「美肌」にあります。洗顔はきっちり、肌の乾燥を防ぐ化粧水をたっぷり、ファンデーションのベース作りを丁寧にしてください。ファッションは全身を飾るのではなく、一点だけポイントに流行を取り入れ、後は雰囲気で着こなしてください。

スポーツや習い事をするなら、一回ごとに結果が出て上達や習熟度が目に見える種目が吉です。たとえばボーリングのように点数化され順位がわかる、卓球やバレーボールのように勝敗がつく、合唱ならコンクールに出る、ダンスならコンテストに応募する、ピアノなら発表会を開く、絵なら展覧会に出品するなど、達成感がよい励みになって高レベルに達することができますし、健康にもプラスになります。

日常的な心がけとして、夜型になるのはやむを得ないことですが、深夜にまでずれ込むのはできるだけ避けてください。

強運食は、量が少なく高品質の嗜好品《しこうひん》で、目と口と心を喜ばせるもの。ムードを味わい、香りを楽しむのです。たとえば高級チョコレート。

最後の決め手は、ビルの上層階、山頂など高いところで夕陽や雲、木々、海を眺めるなど、自然と語り合って心を解き放つこと。いつも人の気配に囲まれていますから、時に一人になる、喧騒《けんそう》を逃れる時間が必須です。

坎 艮 震 巽 離 坤 兌 乾 中

第二章　ラッキー相性診断

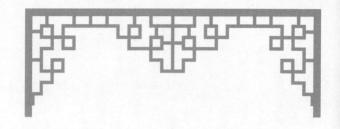

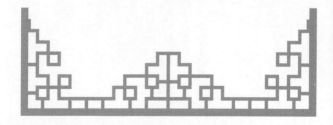

よりよい人間関係をつくる

前章を受けて、改めて各宮の対人運を簡単にまとめてみましょう。
坎宮は、まるで汲めども尽きない井戸のように、相手の心を潤す水を持っていて、どんな相手をも受け入れる柔らかさ、懐の深さがあります。誇り高い**艮宮**の周囲には、頂上を極めようとする共通の志を持つ、厳選された仲間が集まります。**震宮**は、相手のメッセージを瞬時に正しくつかむのに抜きん出た力を持っていて、人々から一目置かれます。
巽宮は、爽やかな風が吹き抜けるような人当たりのよさが身上で、先入観にとらわれず、相手の心に入っていくことができます。**離宮**は、会った人をとりこにする華やかさを持ち、出会いと別れを力にして、より魅力的に成長していきます。聞き上手の**坤宮**は、相手を温かく受け止め安心感を抱かせますから、あらゆる場面で人気を得ます。
明るい**兌宮**は、周りの人に「生きていることは楽しい」と感じさせる力を与えられています。誠意のかたまりの**乾宮**は、自分に対するのと同じように他人にも表裏なく接しますから、広く信頼を集めます。**中宮**には独自の基準があり、それをパスした人にのみ心のカギを渡しますが、なお続々と人が押しかけてくるほど慕われます。
人間関係を考える時、会うと楽しい、元気になる、自分にプラスをもたらす人がいますし、逆に元気を奪われる感じがする、疲れてしまう相手もいます。人相や手相のように目に見えるものを手がかりにするのではなく、あなたが発している気と相手が発している気の交流で人間関係を判断する、東洋の見方があります。

「あの人は生気がある」というように、人は「気」を発して生きています。持っている「気の質」は一生変わりませんし、もう一枚の見えない皮膚のように、その人を包んでいます。

「相性がよい」とは、あなたが発している気と、相手が発している気が合うという意味で、「相性が悪い」とは、自分と相手の気が合わないという意味です。人間は社会的な存在ですから、あなたの発する気と周囲の気が合うか、よい気を交流できるかは、生きていく上でとても大切です。気の相性は、人相や名前の相性よりもっと深く、恋愛、仕事、交友、いろいろな場面で関係を左右する底力を持っています。

陰陽五行説と易とを用いると、あらゆる人間関係は次の七つに分類することができます。助けられる関係（◎）、助ける関係（○）、似た者同士の関係（□）、頼り合う関係（■）、奪う関係（△）、奪われる関係（▲）、大化けする関係（☆）です。

「助けられる」「助ける」関係を「相生《そうじょう》」といい、プラスの関係です。気は動いていて、相手からプラスの気をもらう、相手にプラスの気を与える、二つの方向があります。

五行の気のうち、坎は水気、艮・坤・中は土気、震と巽は木気、離は火気、兌と乾は金気を持っています。たとえば木が燃えて暖かい火になるように、「木」と「火」は相生関係で、木気の人は助ける、火気の人は助けてもらうということになります。

「奪う」「奪われる」関係を「相剋《そうこく》」といい、要注意の関係です。気は常に動いていて、相手の運を奪う、相手に運を奪われる、二つの方向があります。たとえば土砂が清らかな水を泥流にしてしまうように、「土」と「水」は相剋関係で、土気の人が奪い、水気の人は奪われる関係です。

そして「似た者同士」の関係とは、「木」と「木」、「火」と「火」のように、同じ気を持つ組み合わせで、これを「比和《ひわ》」といいます。まるで双子や兄弟姉妹のように最初から気心が知れている関係ですから、大いに盛り上がることもあれば、似ているゆえに敬遠したくなることもあります。

「頼り合う」関係とは「木」と「土」の場合で、木は土中の養分で育ち、土は根を張る木があってこそ台風でも崩れずにいる、という相互関係を示します。

「大化けする」関係とは「水」と「火」の場合で、両者はともに強く激しい気を発しているため、相剋転じて大吉に大化けする可能性を含んでいます。

気の質からみた相性は、その宮が持っている「人間関係の原型」です。

現在、あなたの人間関係がこの通りに当てはまるなら、本来持っている「気」をまっすぐ生かして、よい方向へ進めてください。悩んでいる時、迷っている時は気が滞っていま

◆相性一覧表

あなた＼相手	坎	艮	震	巽	離	坤	兌	乾	中
坎	□＼□	▲＼△	○＼◎	○＼◎	☆＼☆	▲＼△	◎＼○	◎＼○	▲＼△
艮	△＼▲	□＼□	■＼■	■＼■	◎＼○	□＼□	○＼◎	○＼◎	□＼□
震	◎＼○	■＼■	□＼□	□＼□	○＼◎	■＼■	▲＼△	▲＼△	■＼■
巽	◎＼○	■＼■	□＼□	□＼□	○＼◎	■＼■	▲＼△	▲＼△	■＼■
離	☆＼☆	○＼◎	◎＼○	◎＼○	□＼□	○＼◎	△＼▲	△＼▲	○＼◎
坤	△＼▲	□＼□	■＼■	■＼■	◎＼○	□＼□	○＼◎	○＼◎	□＼□
兌	○＼◎	◎＼○	△＼▲	△＼▲	▲＼△	◎＼○	□＼□	□＼□	◎＼○
乾	○＼◎	◎＼○	△＼▲	△＼▲	▲＼△	◎＼○	□＼□	□＼□	◎＼○
中	△＼▲	□＼□	■＼■	■＼■	◎＼○	□＼□	○＼◎	○＼◎	□＼□

◎ 助けられる　○ 助ける　□ 似た者同士　■ 頼り合う
△ 奪う　▲ 奪われる　☆ 大化けする

◎＼○ は、あなたは相手に助けられる、相手は助ける
○＼◎ は、あなたは相手を助ける、相手は助けられる
□＼□ は、あなたも相手も同等で、似た者同士
■＼■ は、互いに頼り頼られる同等の関係
△＼▲ は、あなたは相手の運を奪う、相手は奪われる
▲＼△ は、あなたは相手に運を奪われる、相手は奪う
☆＼☆ は、互いに対立するか、大化けして大吉になる可能性あり

すから、初心に戻るつもりで、ここに書かれている原型に向かって心構えを組み直してください。

なお中宮は特殊な宮ゆえに、他宮から見た対人関係に両面があるため、男女別に説明を加えています。

坎宮

かんきゅう

坎宮の人とは、双子のような関係で、一言二言言葉を交わしただけで、相手が何を考えているのか察することができます。議論をするような時はあなたが主導権を、穏やかにおさめたい時は相手に主導権を渡すつもりでつき合うと、うまくいきます。ただし、とことん深くつき合うのは考えもので、二本の川は一時交わっても合流することはありません。

艮宮の人とは、あなたが奪われる関係ですが、それ以上に、ともに少数の「真の友情」に恵まれる共通点があります。艮宮とそういう関係になれるかどうかはあなた次第で、艮宮を賞賛するに値する人と見極めたなら、固い絆で結ばれます。そうでない場合は運を奪われて疲れてしまいそうです。

震宮の人とは、求められたら助けてあげる関係です。ともに「本質を読む」ことができる宮です。あなたは考え抜きますが、震宮は雷が落ちるように瞬間技で本質を見抜きますので、勘の冴《さ》えを買って吉。共同作業で主導権をとると三倍得するほどのラッキーがあり、

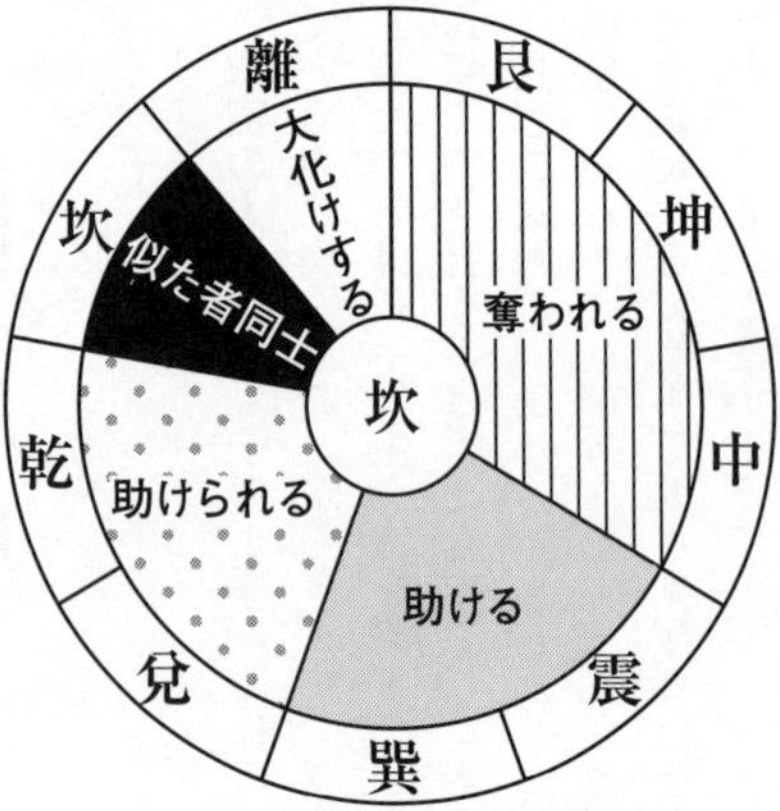

坎宮の人間関係の傾向

震宮に主導権を渡すとあなたの雑念が振り払われ、気持ちがすっきりします。

巽宮の人とは、求められたら助けてあげる関係です。あなたが深く考えて本質を読むのに対して、巽宮は風のようなあいまいな空気から本質を読み取り、深いところでつながっています。巽宮は坎宮の悩みを散らしてくれる人です。巽宮が主導権を持つ場合は、出番が来るまで静かに見守っていましょう。

離宮の人とは、水と油のように、対立する気を持っている関係です。あなたは表面は柔らかいけれど芯が強く、離宮は強く見えて内面にもろいところがあります。同じくらいの激しさがぶつかって、大吉に大化けする可能性もあります。主導権を握っているのはあなたです。

坤宮の人とは、あなたが奪われる関係です。時間が経つにしたがって世話をする側に立たされてしまいそうですから、時々息抜きをしながら、クールな関係を保ちましょう。坤宮はあなた任せの気持ちがありますので、主導権を握ることは容易ですが、忙しい思いをするのもあなたのほうです。

兌宮の人とは、相手に助けてもらう関係です。兌宮は金気と少量の「水気」を持っています。兌宮の「良質で楽しい」水はあなたの深い水脈とつながっていて、楽しさを届けてくれます。深刻なことや重要なことを相談する相手としてよりも、愉快な仲間としてつき合うと、よい関係を保っていけます。

乾宮の人とは、あなたが助けられる関係です。パワーの方向は常に乾宮からあなたのほうへ流れていますので、いい意味で長いものに巻かれる方針でいきましょう。自分から乾宮に突っかかっていくのは不利です。不本意なことがあったとしても、最終的には乾宮に従って案外正解です。

中宮の人とは、あなたが奪われる関係です。頻繁に顔を合わせる関係だと、どうしても面倒を見ることになり疲れてしまいますので、ほどほどを心がけてください。中宮の女性に対しては忙しい思いをする兵隊の役目を、中宮の男性に対してはあなたが教える先生の役目を担うことになります。

艮宮《ごんきゅう》

坎宮の人とは、あなたがパワーを奪う関係ですが、それ以上に、ともに「真の友情」運を持っていて、双方がそういう関係になれるかどうかは相手次第です。相手があなたを賞賛してくれるなら真の友情を築くことができます。また困難にぶつかるほど磨かれていく、いぶし銀の関係です。

艮宮の人とは、同じ気を持つ双子のような関係です。プライドの高い「二つの城」が向き合って建っているようなものですから、相手の出方を待って互いに見合っている時間が長く、実際の行動はなかなか発展しません。積極的に直接かかわるよりは、観察して参考にする存在です。

震宮の人とは、お互いに頼り頼られる関係で、二人とも同じように「向上心」を持っています。あなたが山頂の一点を目指してひたすら歩む勤勉タイプなのに対して、震宮は春の野を散歩しながら新鮮なアイデアを発信してくれています。新しすぎてついていけない

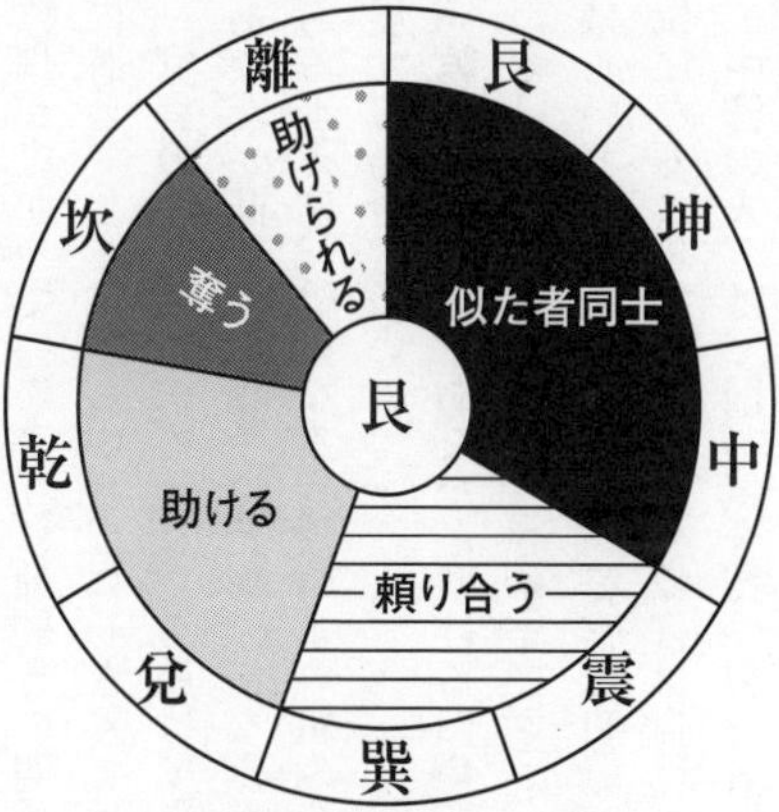

艮宮の人間関係の傾向

と感じたなら無理をしないで、でも一部だけは見習って取り入れてください。

巽宮の人とは、お互いに頼り頼られる関係です。その関係は、「水鳥が少しずつ岸に近づき、陸に上がり、木に登り、やがて大空に羽ばたいていく」形なので、礼儀正しく手続きを踏んで時間をかけて進展させていくと、お互いにプラスになる素晴らしい関係に昇華します。進展を急ぐと、あなたがプラスを得る前に巽宮が去っていきます。

離宮の人とは、あなたが助けられる関係です。離宮は身を尽くしてあなたのことを大切にしています。波はありますが、その中でもあなたはいい波に乗ることができます。関係が不安定な時は、今は旅の途中で変化が生じている、少し不便で淋しい風景を見ている、と柔軟に受け止めてください。やがて旅が終わり、安定の日が来ます。

坤宮の人とは、似た者同士の関係です。あなたの「土」は富士山のようにそびえて仰ぎ見られることを望んでいますが、坤宮の「土」は平坦な畑のように穏やかです。山の裾野に畑が広がっているように地続きの関係で、坤宮に対しては、富士山がへりくだって地下に潜ってしまうくらい謙虚にしなくてはなりません。

兌宮の人とは、求められたら助けてあげる関係です。二人は対照的なところがあって、あなたが凸形なら相手は凹形、あなたが孤高の山なら相手は楽しい湖です。山の麓《ふもと》に湖があるように、絵になる相性のよい組み合わせですから、好感情が生まれやすく、恋愛に発展する場合も多いのです。

乾宮の人とは、あなたが助ける関係ですが、積極的に手を差しのべるのではなく、見守っていることが助けになります。ともに「誇り高く」、あなたは自分の力を他者に認めてほしいと思っていますが、乾宮は自分が納得することを大切にします。あなたは競争で一位になることにこだわり、乾宮は自己ベストの更新や記録にこだわるといった風です。

中宮の人とは、同じ気を持つ似た者同士の関係です。中宮の土は清濁併《あわ》せ呑《の》むたくましいパワーを持っています。中宮の女性に対しては、身を粉にして尽くし、縁の下の力持ちになってあげてください。達成感が得られます。相手が男性なら、あなたからは動かずに出方を待ちましょう。

震宮

しんきゅう

坎宮の人とは、あなたが助けられる関係で、「新しいことを生み出す力」を後押ししてくれます。直感に根拠を与えてくれますので、水戸黄門の印籠《いんろう》をいただいたような安心感が得られます。短期のつき合いだと生みの苦しみばかりを共有することになり、生みの喜びを味わうことはできません。長くつき合う関係を心がけてください。

艮宮の人とは、軽やかなあなたと重厚な艮宮が正面から議論している形です。対立しているように見えてもお互いを刺激剤とし、認め合っている関係です。ともに向上心を持っていて、艮宮はわき目もふらずひたすら目標を目指し、あなたは複眼的にアイデアを発信しつつ向上していきます。艮宮の伝統を守っていく姿を尊重すると吉です。

震宮の人とは、まったく同じ気を持つ双子のような関係です。お互いに、自分がリードしていくという気構えで進むと、勢いがついて吉となります。もし歩調が合わずに相手が去っていっても大丈夫、そのうち戻ってきます。

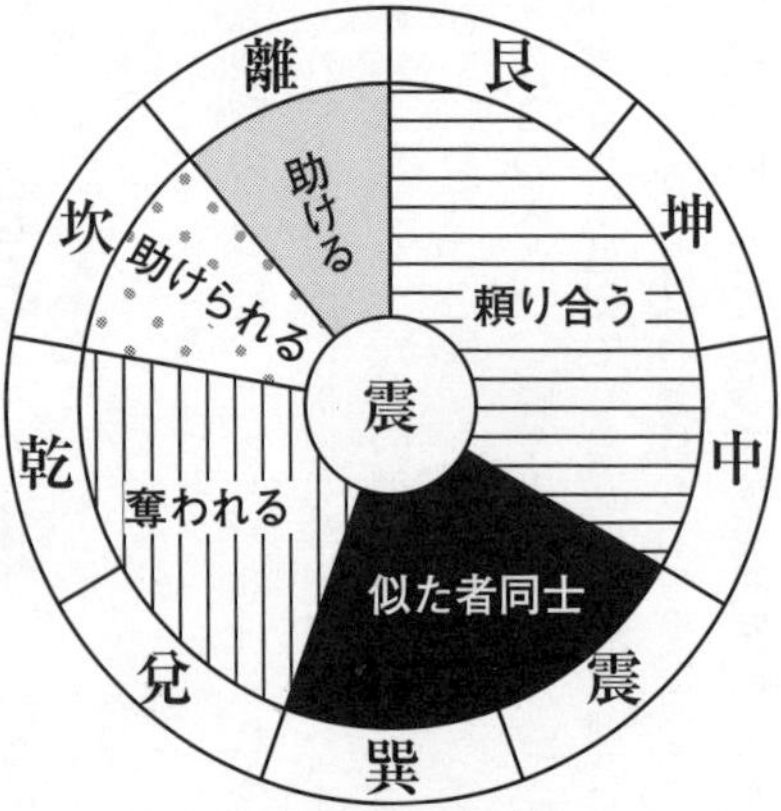

震宮の人間関係の傾向

巽宮の人とは、同じ木気を持っているもののまったく同じではなく、姉と妹のような関係です。あなたが最新鋭のアンテナを立てているのに比べると、巽宮はゆっくり羽プロペラを手で回してふうわりと網をかけるように多方面に情報網を広げています。全体としては姉宮の巽宮から与えられることは大きいのです。

離宮の人とは、求められたら助けてあげる関係です。活気があり、ともに「勘が働く」宮で、あなたが若々しい直感を持っているのに対し、離宮は場面に応じ、相手に応じて臨機応変に勘が働きます。新人女優が先輩格のベテラン女優に尽くす、というような関係ですので、あなたの努力が相手の成果にあらわれたとしても、それを喜びとしてください。

坤宮の人とは、お互いに頼り頼られる関係です。あなたがどっしり門を構えていて、相手が出たり入ったりするイメージ。主導権は常にあなたが握っていてください。つき合っていくうちに、幼なじみのようにいつのまにか傍らにいる間柄になります。新鮮味はなくても底堅く、お互いに人間関係の基礎運が安定します。

兌宮の人とは、あなたが奪われる関係ですが、基本的に相手の意見や考えを受け入れる方針でいきましょう。主導権は兌宮の側が持っていて、あなたは従う側にいます。あなたのほうから働きかける時は一対一で臨むこと、周囲の目を気にしていては、肝心の目的を見失います。

乾宮の人とは、奪われる関係ですが、徹底してなりゆき任せでいきましょう。出たとこ勝負でいく。トラブルは実際に起きてから対応策を考えてください。事前にああしよう、こうしようと対策を考えることはいっさいしない。無為の策が、思いのほかうまくいくこともあり、打つ手がない場合もありますが、それでいいのです。

中宮の人とは、お互いに頼り頼られる関係です。中宮の女性が相手なら、物事は細く長くほんの少しずつ進展させていくのが吉ですが、半年くらい経っても相手の反応が鈍いなら、見込みはありませんので区切りをつけましょう。中宮の男性には、立場や年齢に関係なく対等に向き合ってください。

巽宮《そんきゅう》

坎宮の人とは、あなたが助けてもらう関係です。あなたも坎宮もともに「本質を読む」ことができる人で、あなたは雰囲気や気配、ふわっとした空気から本質を読み、坎宮は考え抜いて読み取ります。相手は無私の心であなたに接しますから、あなたは何回でも坎宮の「知恵の水」を汲み上げることができます。

艮宮の人とは、お互いに頼り頼られる関係ですが、気をつけることは巽宮の大樹が地面を覆ってしまうことで、風通しが悪くなります。親や実家の問題が障害になったり二人の間での問題が膠着状態になったりして相手を息苦しく感じたら、風の宮のあなたはいったん離れましょう。第三者が入ってくると風通しがよくなって、爽やかな関係が再生します。

震宮の人とは、似た者同士の関係で、空気のようにしているのがベストです。そのためには、態度を変えない、いつも同じ表情でいる、偉大なるマンネリズムの関係を目指しましょう。長年連れ添った夫婦がお互いの存在を空気のように感じているのと同じように、

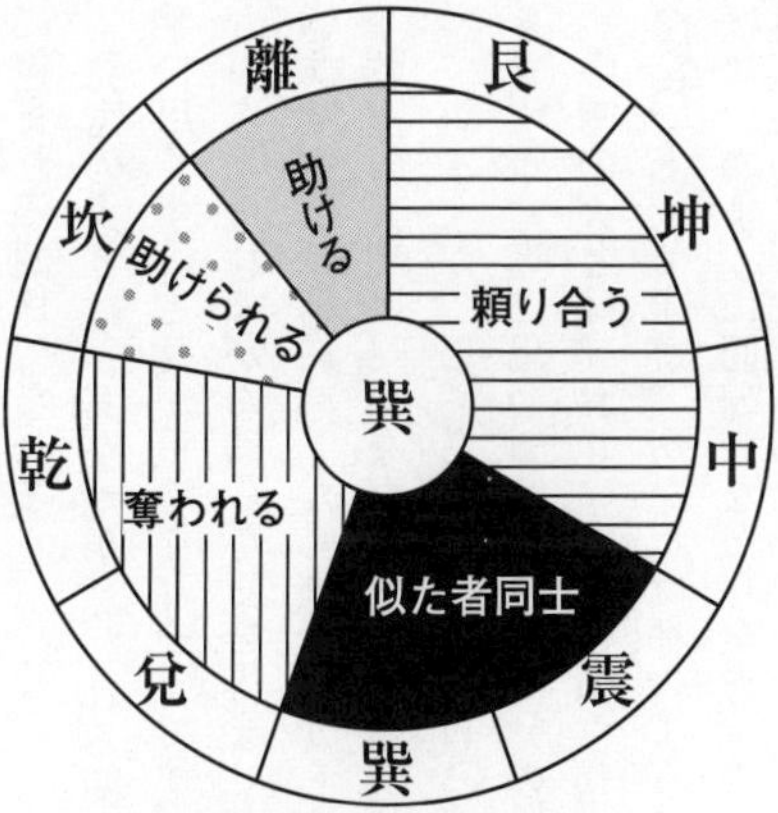

巽宮の人間関係の傾向

変わらぬ気持ちで接してください。

巽宮の人とは、まったく同じ木気を持つ双子のような関係です。一方的に主導権を持つと迷いの風が吹いてきますので、双方が立て合いましょう。お互いに主導権を渡す気持ちでいると、二倍得するようなことがあり、迷っている問題にもタイミングよく決着がついて、ラッキー運を味方につけることができます。

離宮の人とは、求められたら助けてあげる関係です。その結果、たくさんの人々が「大鍋を囲んでごちそうを食べる」ような成果を上げることができます。共同事は吉ですが二人だけではせずに、三人以上で力を合わせて取りかかってください。離宮が中心になって引っ張っていくと吉です。

坤宮の人とは、お互いに頼り頼られる関係です。坤宮が階段で、あなたがそれを上っていく関係です。二階へ行きたい時、坤宮の階段があらわれたおかげで、踏み外すことなく無事に上がることができます。階上には天窓があって、太陽が明々と差し込んでいます。あなたも坤宮も光を浴びて、穏やかな幸せに包まれる関係になれます。

兌宮の人とは、あなたが奪われる関係です。「二人で籠をかつぐ」ような形ですが、相手に尽くすほど荷が重くなりそうです。あなたが主導権をとってがんばっている時、兌宮も引きずられてがんばらざるを得ませんし、兌宮ががんばっている時にはあなたも楽ができません。重荷に感じたらあなたからやんわり上手に断ってください。

乾宮の人とは、あなたが奪われる関係です。相手はあなたに魅せられて近づきたいと思っていますが、こちらから働きかける必要はありません。相手の努力次第で宝物を共有できますが、真に出会える割合は三分の一です。

中宮の人とは、お互いに頼り頼られる関係です。ともに上手にバランスをとることでは全宮で上位ですが、あなたは秤《はかり》のように静止して左右のバランスをとるのに対して、中宮はコマのように回転しながら全方位のどこにも偏らないでバランスをとります。中宮の女性にリードしてもらうほうがうまくいきます。中宮の男性とはもたれ合いになりかねず、少し距離を取りましょう。

離宮《りきゅう》

坎宮の人とは、正反対の気を持っている背中合わせの関係です。同じ強さで個性がはっきりしているため、吉凶半ばです。殻は固いけれど中身はとろりと柔らかいあなたと、あたりは柔らかいけれど芯の強い坎宮が個性を生かし合うと、他の宮には真似のできないビッグな組み合わせになりますが、吉になるか凶になるかは相手次第です。

艮宮の人とは、求められたら助けてあげる関係です。どのように助けるかというと、あなたが主導権を持っている時はファッションのアドバイスやエチケット、マナーなど外見を整える助言をしてください。艮宮が主導権を持っている時は精神的な面の助言をしてあげましょう。

震宮の人とは、あなたが助けられる関係です。ともに「鋭い勘の持ち主」で、震宮はまっすぐな勘が働き、あなたは臨機応変の勘が働きます。震宮のフレッシュな勘を生かして短期決戦型で組むとうまくいきますし満足できる結果を得られますが、長引かせると勘違

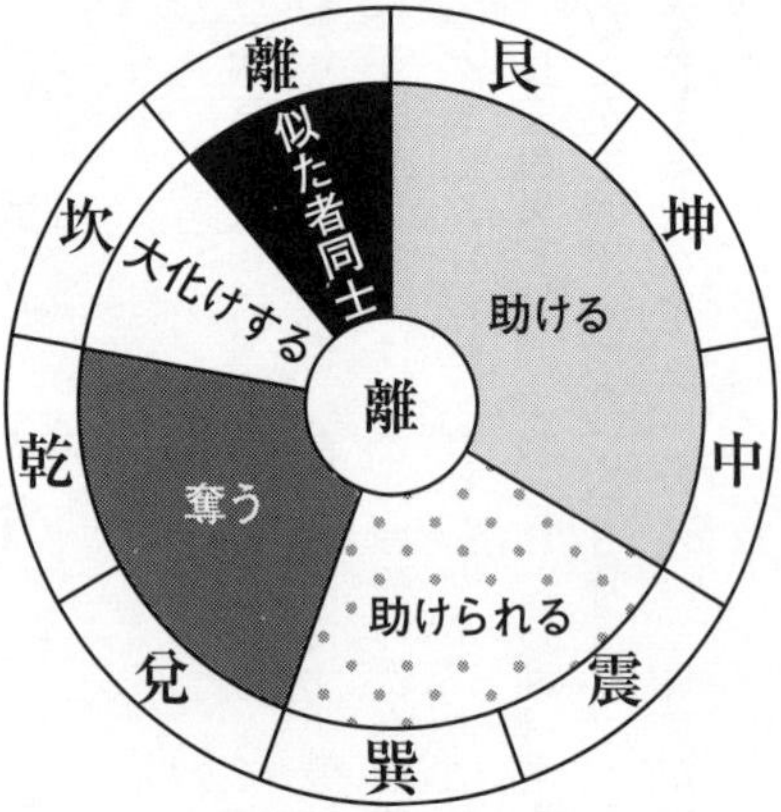

離宮の人間関係の傾向

いが生じがちです。会うのは昼間を心がけて吉、夜間はできるだけ避けてください。

巽宮の人とは、あなたが助けてもらう関係です。あなたが太陽で、巽宮が日差しのぬくもりを部屋全体に回すように、柔らかく温かい関係を築くことができます。決して事を荒立ててはいけませんし、荒れる心配があるならよく話し合うことで妥協点を見つけることができますが、もし物別れになる場合でも不快感を残さないように心がけましょう。

離宮の人とは、双子のような関係です。するべき目的がはっきりしている場合は、お互いの息が合って成果を上げるだけでなく、注目を浴び名誉を得ることが可能です。行動は素早く、てきぱきと進めてください。努力目標がぼやけてくると、強く激しい者同士ゆえに突然わが道を行く分裂の事態が発生します。

坤宮の人とは、求められたら助けてあげる関係です。あなたが目立つ王冠を頭にかぶっているのに対して、坤宮は目立たないように両手の中に宝物を包み持っていたいのです。坤宮の個性を尊重して、坤宮の目線に立って、どこまでも相手に合わせて、出すぎずに後ろから支えているのがあなたの役目です。

兌宮の人とは、あなたが奪う関係ですが、もし共同で何かをするなら、前向きに、かつ慎重にしてください。5か月間、6年間、というように5か6がつく時まで粘ると、革命的な成功を遂げる可能性があります。最初はあなたが中心で、後半は兌宮にゆずる。ただし、途中で状況が一変する、計画がつぶれてゼロに戻る、革命失敗の可能性もあります。

乾宮の人とは、あなたが奪う関係ですが、ともに「上昇志向が強い」共通点がありますので、問題意識や仲間意識、同郷意識など、連帯感を強く持てるなら二人三脚で進んでください。まずあなたから計画を持ちかけて、歩み始めたらあなたは後へ下がり、後半のがんばりは乾宮の舵《かじ》取りに任せましょう。

中宮の人とは、求められたら助けてあげる関係です。相手が女性の場合、助け甲斐がないと感じたらそっと身を引きましょう。中宮の男性は、積極的に助けてあげてください。パーティで紹介する、長所を第三者に伝えるなど彼の宣伝係になって、社会の真ん中へ押し出すようにしてあげてください。

坤宮《こんきゅう》

坎宮の人とは、あなたが奪う関係です。なぜ奪うかというと、坎宮はあなたの欲しいものをすべて持っているからです。得るところの多い、学ぶところの多い相手です。早く坎宮に接近しなさい。坎宮の人はあなたを受け入れますし、奪いきれないほどの豊かさを持っています。

艮宮の人とは、同じ土気を持つ似た者同士ですが、あなたにとって艮宮は冬山登山と同じで、拒絶されることがあります。同じ気を持っていても意識の持ち方が違い、向いている方向が違います。艮宮は目を上げて空を仰ぎ、あなたは面を伏せて地を見ています。近寄りがたく感じる時もあり、気疲れしますので、無理しないでいましょう。

震宮の人とは、お互いに頼り頼られる「植木鉢」の関係です。震宮が若々しい苗木で、あなたは植木鉢の土。震宮の伸びる力を支えつつ、成長を楽しみに待っている状態ですから、震宮の感情の揺れにも動揺しない、左右されないで待つ。待ち時間は4か月か4年で、

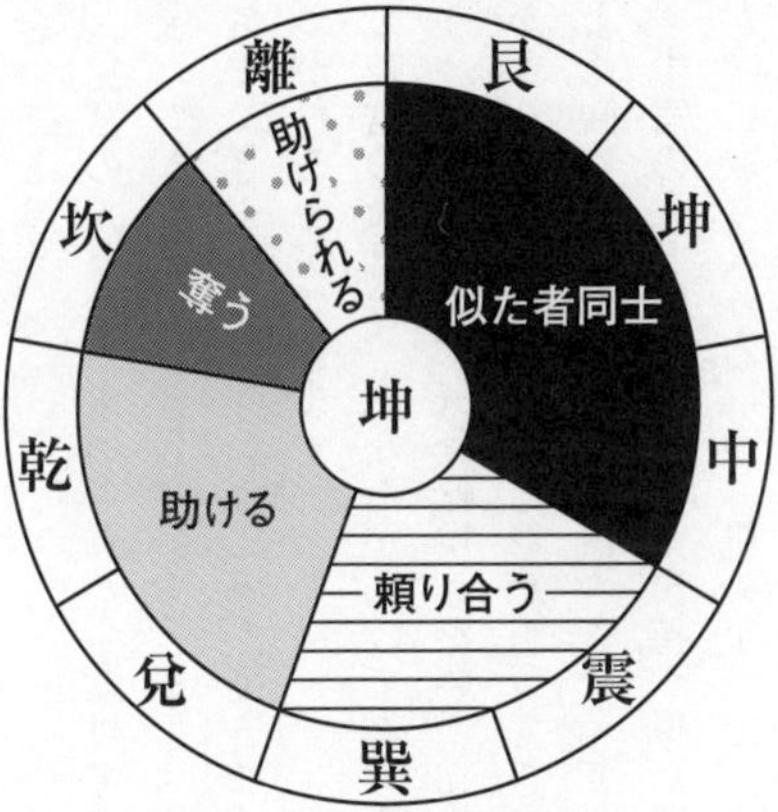

坤宮の人間関係の傾向

その時までに成果が出ない、進展しない、喜びを感じられないなら見放していいのです。

巽宮の人とは、お互いに頼り頼られる関係です。あなたにとって巽宮は先生、図書館、観光地のような存在ですから、参考になることが多く、一緒にいる時は小さなことでも遠慮しないで質問し疑問をぶつけ、話し合いましょう。ただおしゃべりを楽しむだけでなく、学び合う、観察し合う関係へ発展していくのが理想です。

離宮の人とは、あなたが助けてもらう関係です。あなたに花を添えてくれるのが離宮なので、声をかけられたら基本的にノーと言わず、結果の損得は考えないで前向きに引き受けましょう。ともにやることに意義があります。離宮の華やかさとあなたの落ち着きが調和して、運気が上昇します。

坤宮の人とは、まったく同じ土気を持つ双子のような関係です。着実な関係ですが、これほど変化のない、目立たない関係もありません。合わせ鏡のように相手を理解することができます。当たり前のことをきちんとして、小さなことを積み上げながら、淡々とつき合いましょう。

兌宮の人とは、求められたら助けてあげる関係です。落ち着きのあるあなたにSOSを求めてきたら、つき合いよくしましょう。あなたも兌宮の楽しい、クラス会のような雰囲気やにぎやかさを味わうことができますし、兌宮とかかわっていく中で吉運のきっかけをつかむことができます。

乾宮の人とは、あなたが助けてあげる関係です。声をかけられたら応援してあげましょう。飛躍したい、気分転換したい、初挑戦したいことがあるなら、乾宮と組むと、時間がかかりますがじわじわと形が整ってきます。第一印象でまったく肌が合わないと思っても、よく観察してから前向きにつき合ってください。

中宮の人とは、同じ土気を持つ似た者同士の関係ですが、中宮は吉も凶も巻き込んでわが内に取り入れる「親分肌の土」で、あなたは建設的な「平和の畑土」です。中宮の女性は、あなたのよさを知っていますから穏やかに接するはずで、目立たなくてもまじめに、小を積み重ねて大とする方針でいくと吉です。中宮の男性とは、バランスが微妙で土砂崩れになりかねない。その他大勢の一人としてつき合いましょう。

兌宮

だきゅう

坎宮の人とは、求められたら助けてあげる関係です。「竹の節」のように区切りながら順を踏んで仲良くなりましょう。坎宮を助けつつも、坎宮から、よいこと、事実でも言ってはいけないことなど、節度を学んでください。あなたは生来の楽しさに加えて「品のよさ」を身につけるチャンスでもあります。

艮宮の人とは、あなたが助けてもらう関係です。とはいえ、一方的に手を差しのべてもらえるわけではありません。艮宮のためにまめに体を動かし気働きをして、その後に助けてもらえる「損して得とる」方針で進んでください。損しただけで終わらないよう努力しながらつき合って。5月、5か月後、5年後、など5の時にプラスへ変化します。

震宮の人とは、あなたが奪う関係です。震宮の「真摯《しんし》な好奇心」は、「寄り道派」のあなたにないものですから、よい刺激にしてください。また震宮が発信したアイデアを、あなたが享受し利用できます。しかし勘違いして受け取ってしまう、的外れがある、軽重を

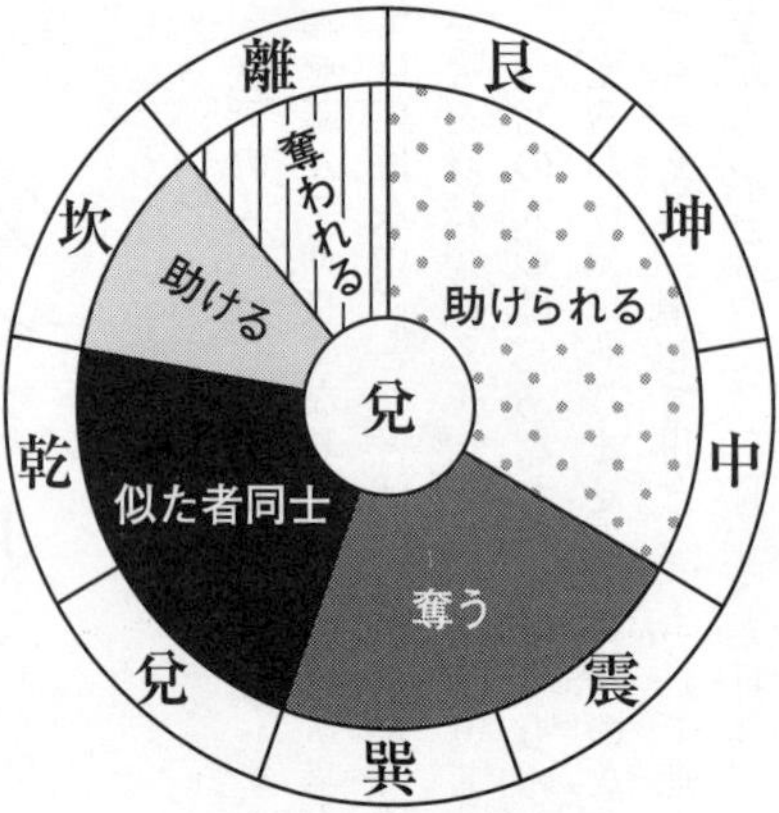

兌宮の人間関係の傾向

間違う、などせっかくの震宮のよさを十分に受け止めることができない面もあります。

巽宮の人とは、あなたが奪う関係です。それなのに巽宮は奪われまいと身構えるどころか、あなたに運を与えたいと願っています。なぜかと言うと、巽宮の自由の風が、あなたの明るい気に惹かれるからです。巽宮を追いかけていきながら柔らかい風に吹かれてキスをしてしまう、恋愛関係に発展することもあります。でも拒絶されたら深追いしないで。

離宮の人とは、奪われる関係です。気を遣うことが多く、お互いに自分にはなくて相手が持っている長所がうらやましい、欲しいと葛藤が生じます。あなたは離宮を優先させて、道を譲ってください。時々、ふだん着姿で横丁で立ち話をするように、立場にとらわれず、本音で話す機会を作るとうまくいきます。

坤宮の人とは、あなたが助けてもらう関係です。坤宮はあなたの個性を貴重なものとして喜んで受け入れてくれます。「大海原に向かって船出しよう」と夢を語り合う相手なので、冒険や、かつて誰もしたことがないことに挑戦する、新しい世界へ飛翔してください。一緒に行動しなくても、坤宮と交わした夢のような話が実現する可能性は高いのです。

兌宮の人とは、双子のような関係です。二人の「楽しい、喜ぶ」兌宮が出会うのですから、楽しくて仕方ありません。仲良く楽しむ、そっと楽しむ、悪友的に楽しむ、贅沢に楽しむなどは自由でいいのですが、大切なのは何を楽しいとするか、です。運動、趣味、仕事面などで喜びを感じる共通の基準を作ってください。

乾宮の人とは、似た者同士の関係です。人間にたとえるとあなたは愛らしい少女、乾宮は威厳ある父親。場所でいうならあなたは私的な楽しい喫茶店、乾宮は役所や国会議事堂と、タイプは違っても通じるところが多いのです。関係の吉ポイントは「礼儀」ですから、乾宮の個性を尊重して、挨拶、言葉遣いを丁寧にするとうまくいきます。

中宮の人とは、あなたが助けられる関係です。中宮の女性には積極的に働きかけるとプラスを得られますし、世界が広がりますので接近行動あるのみです。中宮の男性には、まずあなたから尽くしてください。その後で尽くした以上の喜びを感じることができますし、成果を得ることができるでしょう。

坎 艮 震 巽 離 坤 兌 乾 中

乾宮

けんきゅう

坎宮の人とは、求められたら助けてあげる関係です。坎宮は喉が渇き、あなたは水甕《みずがめ》を持っていますので、坎宮の求めるまま十分に水を与えてください。坎宮は知恵袋を持っていますので、喉が潤ったあかつきには知恵を借りることができます。先にあなたが、相手の要求を少しずつでもすべて叶える努力をしてください。

艮宮の人とは、あなたが助けてもらう関係です。この組み合わせはある意味最強で、「大きな蔵」の絵が描かれています。艮宮の不動産に強い面と、あなたの貯蓄に強い面がうまく出ると経済的に恵まれ、蔵の中にはお金だけでなく仕事やその他とほうもない大きな力が蓄えられます。急がずに、強欲にならず、人の役に立つことを計画してください。

震宮の人とは、あなたが奪う関係です。「牛たちが牛舎を出て震宮の大草原へ向かう」形です。元気いっぱい大草原へ走っていきますが、急ぐためつまずいたり柵《さく》に引っかかったりします。4日、4週間、4か月など4の時まで時間をかけると、関係は円滑に進みま

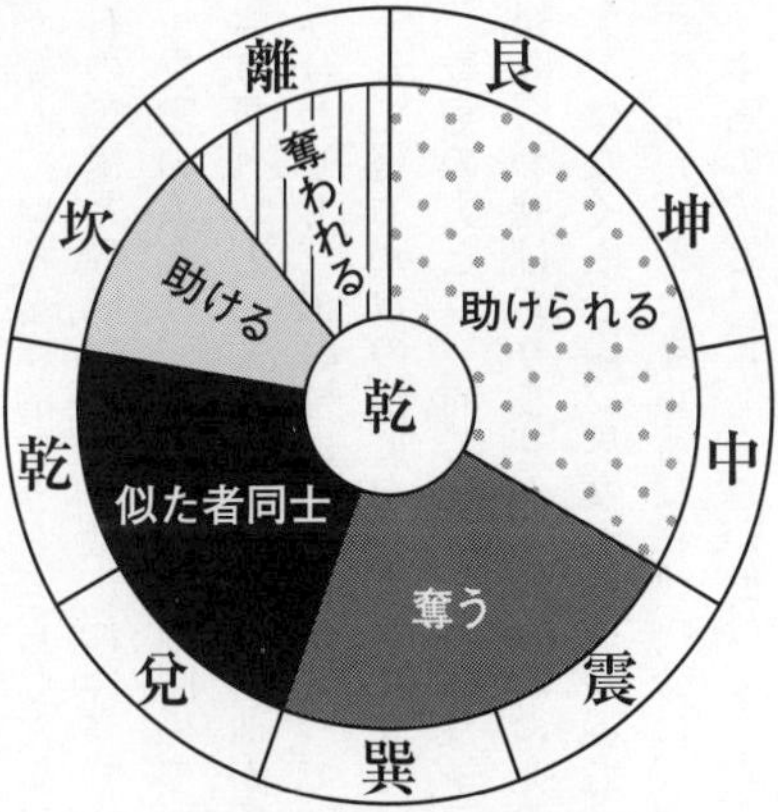

乾宮の人間関係の傾向

す。注意点として、一方的にあなたが押しつける、要求することは控えましょう。

巽宮の人とは、あなたが奪う関係です。あなたは震宮の人には大胆でも、巽宮の人には少し遠慮します。なぜなら、出会い頭に巽の風に吹かれて、一時あなたが引っ込んでしまうからで、その後は試行錯誤しながら5か月、5年など5がつく時まで継続していくと、誠意が通じ合って豊かな成果が得られます。

離宮の人とは、あなたが奪われる関係ですが、向日性のひまわりのように明るい気持ちでいられる組み合わせです。いったん事が起きると離宮は瞬間的に強いパワーを炸裂《さくれつ》させ、あなたは太刀打ちできません。運を奪われながらも妹のように離宮についていくと、離宮からではなく他から恵運が巡ってきます。

坤宮の人とは、あなたが助けてもらう関係です。坤宮が持っている考え、価値観がどれほどあなたと違っていてもかまいません。表面上は反対側にいるように見えても、あなたが発している金属的なきらきらした気に、坤宮の柔らかい気が沁みてくる、根っこでは磁石のN極とS極のように惹かれ合っています。無事安泰の関係を維持してください。

兌宮の人とは、似た者同士の関係ですが、刀にたとえるとあなたはがんばりすぎてぽっきり折れる刀、兌宮はぐにゃりと曲がる刀です。お互いの欠点を補い合って名刀になる組み合わせで、主導権はあなたが握っていてください。兌宮が主導権を持つと、甘さが生じてきて努力が水の泡になりかねません。

乾宮の人とは、同じ金気を持つ双子のような関係です。高貴で、これ以上の完全無欠な組み合わせはありませんが、それゆえの難しさが出てきます。なぜなら、この世は完全無欠ではなく陰と陽、男女、強弱が混じって動いているからです。理想を語るには最高の相手ですが、それを実行に移す場合は、現実との橋渡しをする他の宮を入れてください。

中宮の人とは、あなたが助けてもらう関係です。中宮の女性とは、本来は安定して穏やかな組み合わせですから、バランスを崩さないようがんばりすぎない。中宮の男性とは、計画的に事を進めると大きな成果を手中にすることができます。速攻法は不可で、時間をかけて積み重ねていくことが成功のポイントです。

中宮

ちゅうきゅう

坎宮の人とは、あなたが奪う関係です。憧れている宝物は相手が持っていて、あなたがそれを欲しがっている、だから奪いたいのです。ところがその競争率は5倍の難関です。難関を突破するにはタイミングが大切で、早すぎても遅すぎてもいけません。上手に呼吸をつかんでください。その自信がないなら最初から動かないほうが賢明です。

艮宮の人とは、同じ土気を持つ似た者同士の関係です。あなたはすべてを渦の中に巻き込んでしまうほどのパワーがありますが、それほどの力をもってしても艮宮の山は動きません。山は低くなりませんから、艮宮に近づくためにはあなたが山に登るしかなく、疲れてしまいそうです。淡々としていてください。

震宮の人とは、お互いに頼り頼られる関係です。あなたは震宮の直感的センスを買い、震宮はあなたの忍耐力とまじめさを評価してうまくいきます。ポイントは「準備、喜び」です。事を進めるなら、あらかじめ準備段階をしっかりしておくと、たった一本のかんざ

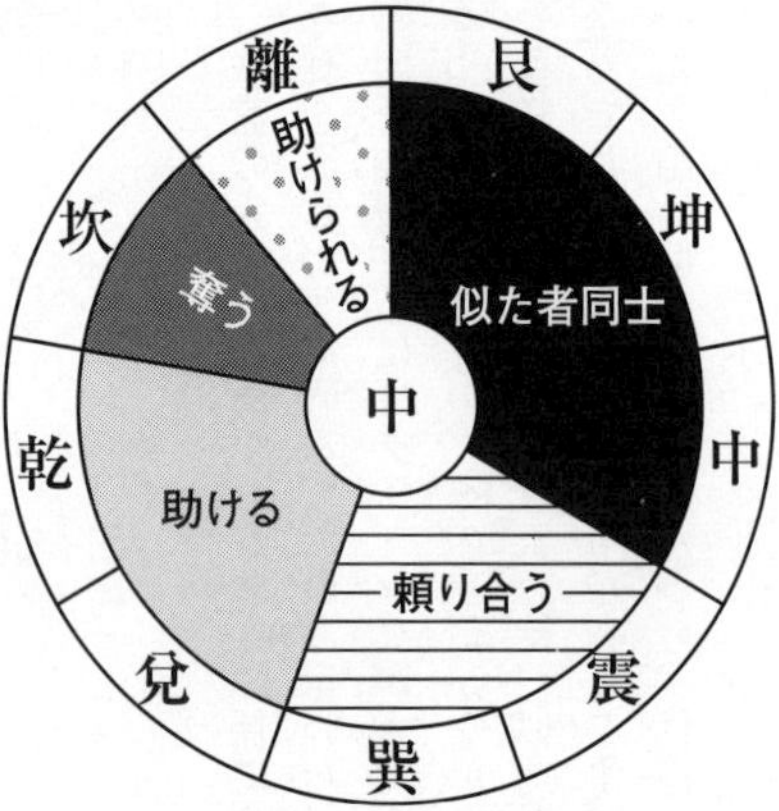

中宮の人間関係の傾向

して髪の毛がまとまるように、成果を上げて喜ぶことができます。

巽宮の人とは、お互いに頼り頼られる関係です。「風」の宮の巽宮は見えず、つかまえられず扱いにくいのです。その風も止む時があり、その時にはあなたのぶれない大地に頼ってきます。あなたは「情報の宮」である巽宮から観光情報を得るように、珍しい情報、役立つ情報を聞くことができます。

離宮の人とは、あなたが助けてもらう関係です。相手は明るく照らしてくれる人ですし、あなたに行動力がつく活気のある組み合わせで、周囲からも注目されます。一緒に行動する過程で得るところがあるので、成果や効率を考えるのは後回しにして、まず実行ありきです。思った通りの結果にならなくても、次回があります。

坤宮の人とは、似た者同士の関係で、安定していてつき合いやすいのですが、小さなことをおろそかにしないよう気をつけてください。小事を放置すると、忘れた頃に取り返しがつかないほどの大事になっていた、ということが起きやすいので、手遅れにならないよう時々チェックしたり、打ち合わせや確認をし合ってください。

兌宮の人とは、あなたが助けてあげる関係ですが、求められなくても積極的に助けてあげましょう。それによって楽しい思いを味わうことができます。目に見える具体的な見返りはなくても、自分がしている行為に納得できる、満足できる精神的な喜びが得られます。

乾宮の人とは、求められたら助けてあげる関係です。たとえ違和感があっても、深いところで気脈が通じていますので、一緒にいると素直な気持ちになることができます。まったく新しいことを始めるようなとき、乾宮はあなたの感想や意見を聞きたいはず、アドバイスが欲しいはずです。

中宮の人とは似た者同士で、あなたも相手も女性なら堅実です。あなたが女性で相手が男性なら、あなたが相手に気を配る関係です。あなたも相手も男性なら、「同じ身長の二人が背の高さを競い合っている」ようで動きが少ない。あなたが損して得する態度になれば動いていきます。あなたが男性で相手が女性なら、あなたが引いて相手を立てると順調です。

坎
艮
震
巽
離
坤
兌
乾
中

第三章　バイオリズムを知る

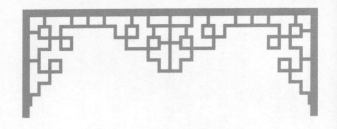

百年の計は傾斜宮にあり

カレンダーが12月でおしまいになると新しいカレンダーの表紙を開けるように、年が明けると心機一転、新しいことをしたくなります。気持ちが改まるのは、巡ってくる気が変わるからで、この時こそ運が切り替わる、積極的に開運に取り組むチャンスです。

一年ごとに、「年を支配する気」があります。しかし、皆が同じように支配されるのではありません。それは、「年を支配する気」と「あなたの宮の気」との相性があるからで、相性がよい年は発展できますし、よくない年は慎重に進まなくてはなりません。その相性を、宮ごとに、年ごとに、わかりやすいよう一覧表にして次のページに掲げました。

「年の気」も「あなたの宮の気」も、一定のリズムで循環しています。リズムの基本パターンとなる気には9種類あり、9年間で一巡りした後、10年目にまた元に戻って次の新たな循環が始まります。この循環をつなげていくと、100年先のバイオリズムも知ることができます。

宮ごとに、基本となる9年間のリズムを説明と図で示しました。あなたの人生は、このようなリズムで流れていきます。

全宮に共通して言えるのは、バイオリズム表の中で活気度が低い年を、「力をためる年」

◆「年の気」と「あなたの宮の気」の相性

	2017 2026 2035	2018 2027 2036	2019 2028 2037	2020 2029 2038	2021 2030 2039	2022 2031 2040	2023 2032 2041	2024 2033 2042	2025 2034 2043
坎	▲	▲	◎	◎	□	▲	□	□	◎
艮	□	□	▲	□	◎	▲	◎	◎	▲
震	○	□	□	▲	◎	▲	○	▲	◎
巽	◎	○	□	□	▲	▲	▲	○	◎
離	▲	▲	◎	◎	□	▲	◎	□	□
坤	◎	◎	▲	□	□	▲	□	◎	▲
兌	□	◎	◎	▲	◎	▲	◎	▲	□
乾	◎	◎	□	◎	▲	▲	▲	□	□
中	○	○	▲	□	○	▲	○	◎	▲

◎大吉　○小吉　□ふつう　▲注意

と位置づけて過ごすことです。より高く飛ぶために、気力体力を温存する年と考えましょう。すると次の年からの基礎運が底上げされて、運勢がより上昇していきます。

坎宮

かんきゅう

充実の年▲（２０１７、２０２６……以後9年ごとに繰り返す）

社会は静かな気に覆われますが、あなたは要注意の年です。被害者的な立場に立たされないよう守りを堅くしながら、仕事や目的を変えないでまっすぐに進んでください。天の加護がある吉年は２０４４、２０８０年。注意年は２０２６、２０６２、２０９８年です。

波乱の年▲（２０１８、２０２７……）

決着をつけようとする気が社会を覆います。その気に影響されて、強引に押し通したり過激になったりしがちですが、ブレーキをかけて。我慢の年です。

信用の年◎（２０１９、２０２８……）

社会には変化を求める気運がありますが、あなたは自由な気に支配され、また社会的に信用がつく年です。応援してくれるのは他人で、相談するなら身内よりも他人に。

発展の年◎（２０２０、２０２９……）

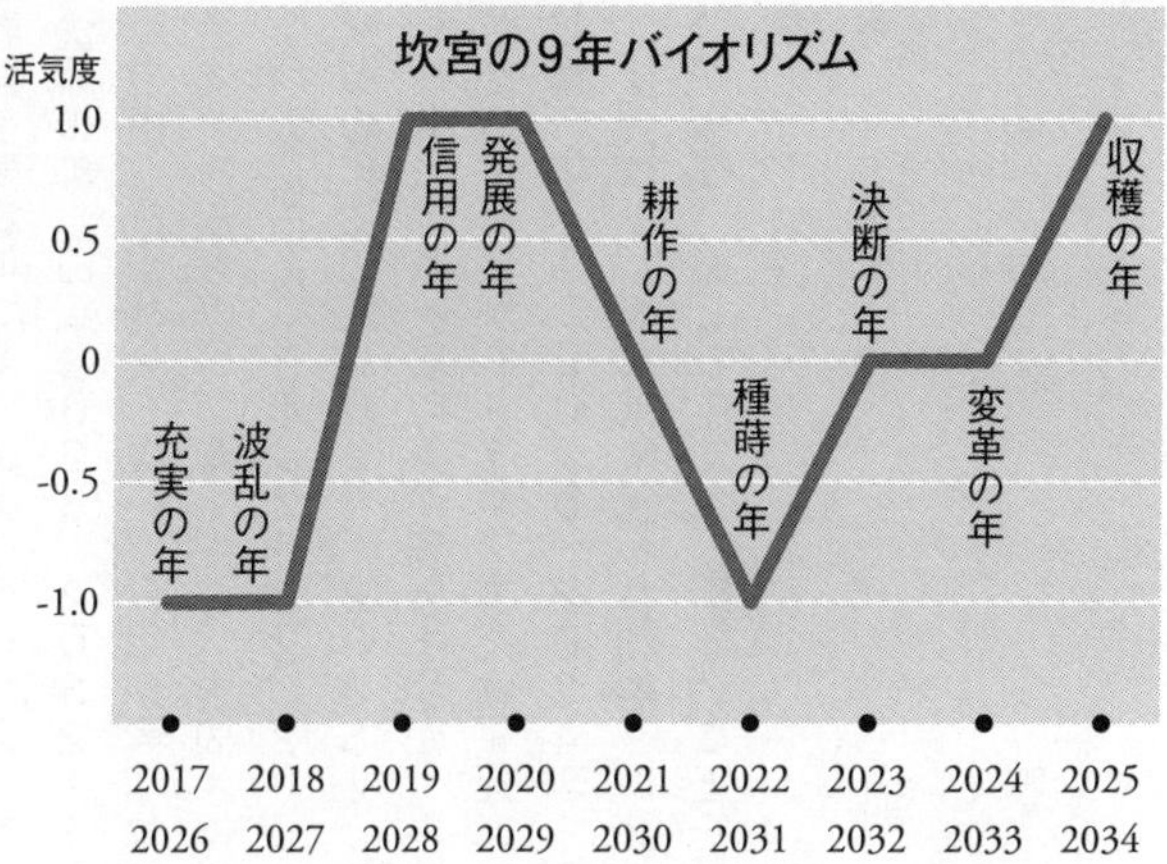

社会には喜びや楽しみを求める気があふれても、あなたには発展伸長の年です。やる気が湧きますから、可能性を信じてまっすぐ行動し、ひたむきに新しいことを始めましょう。その時、ラッパを吹くように、必ずこれからすることをPRしてください。天の加護がある吉年は２０２０、２０５６、２０９２年。注意年は２０３８、２０７４年です。

耕作の年　□（２０２１、２０３０……）

社会には完全を求める気があってフル回転しますが、あなたを支配するのはまじめな気ですから、こつこつと地道に実力をつけてください。他と比較してはいけません。

種蒔の年　▲（２０２２、２０３１……）

社会には波乱の気が満ちるために個人が力を発揮するには限界があります。こういう年は動かないでいるのがよく、あなたは将来の計画を練る年です。真実を求めてよく考えれば、進むべき道が見えてきます。

決断の年　□（2023、2032……）

自由な気が社会を覆い、信用が大切にされます。でもあなたは決着の気に支配されて、活気があるものの葛藤も生じ、吉凶半ばです。大化けして大吉に転換する可能性がありま す。天運のある吉年は2032、2068年。注意年は2050、2086年です。

変革の年　□（2024、2033……）

社会には若々しい気が満ちますが、あなたは変化年に当たっていて、移転、結婚、転職などの可能性があります。また物質運に縁がありますので、蓄財に励んでください。

収穫の年　◎（2025、2034……）

社会はまじめな気に覆われ勤勉さが評価されますが、あなたはこれまでの努力が報われて、喜び、楽しむ年です。新しいことを始めるより、得られた成果を味わい、また広く宣伝しましょう。

艮宮《ごんきゅう》

信用の年 □（2017、2026……以後9年ごとに繰り返す）

社会は静かな気に覆われます。あなたは穏やかにして人気が集まり、交際を広げて信用がつきます。人間関係を大切にする年です。また海外へ行くのは吉。

発展の年 □（2018、2027……）

決着をつけたい気が社会を覆いますが、あなたは発展伸長の年ですから、社会の流れに惑わされないで、若竹がぐんぐん伸びるように中断せず継続して進みましょう。大飛躍できます。天の加護がある吉年は２０４５、２０８１年。注意年は２０２７、２０６３、２０９９年です。

耕作の年 ▲（2019、2028……）

社会には変化と転換を求める気運がありますが、あなたは吉凶が逆転しないよう、変化を起こさないで黙々と基礎を固める年です。イエス・ノーをはっきりさせ、あいまいに放

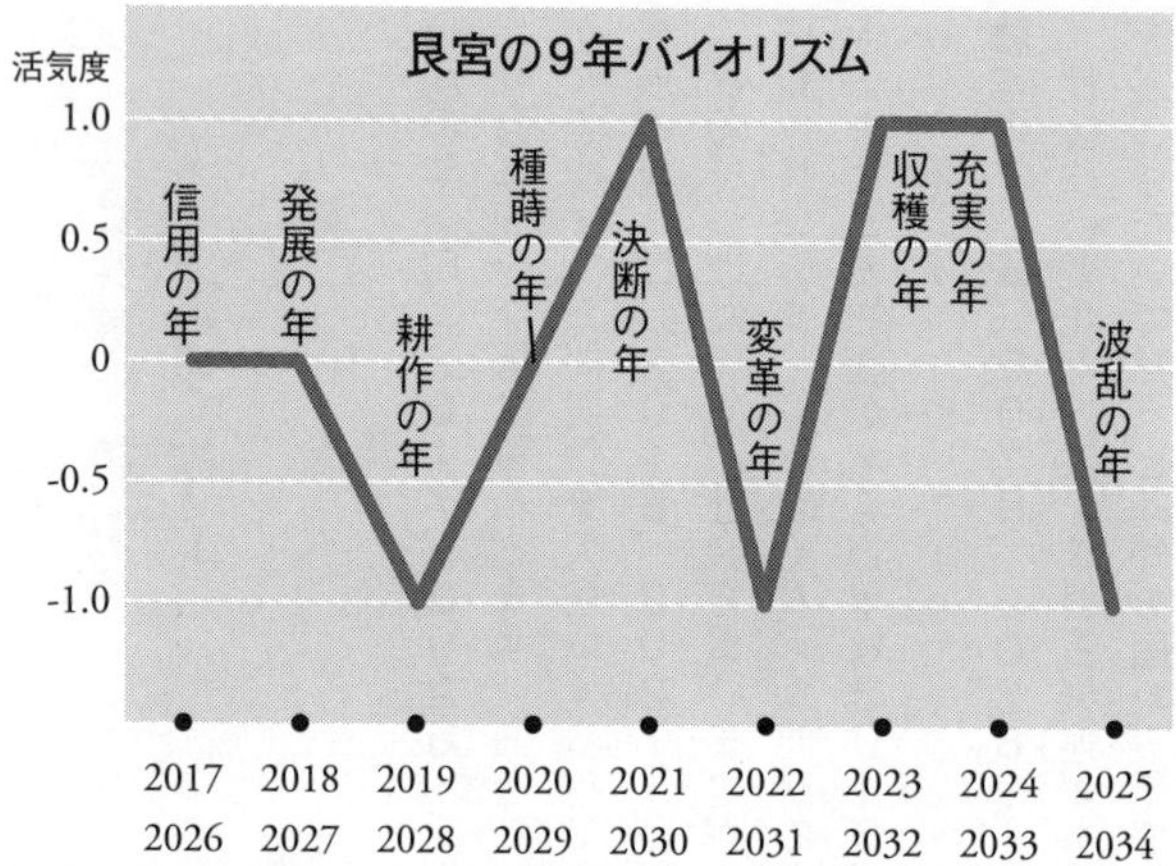

置しない。天の加護がある吉年は２０４６、２０８２年。注意年は２０２８、２０６４、２１００年です。

種蒔の年　□（２０２０、２０２９……）

喜びや楽しみを求める気が世にあふれますが、あなたにとっては深く考える年です。とことん考え抜いて将来の方針を決定する、再出発する、種をまく年です。

決断の年　◎（２０２１、２０３０……）

全力疾走する気に覆われて忙しさが社会にあふれますが、あなたにとっては決着がつく年で、名誉を得ることがあります。天恵の吉年は２０２１、２０５７、２０９３年。注意年は２０３９、２０７５年です。

変革の年　▲（２０２２、２０３１……）

社会には波乱の気が満ち、あなたは変化したくなる気に包まれます。しかし裏目に出る可能性があるので無理な大変化は慎んで、一部の修正にとどめるのが賢明です。天の加護がある吉年は2022、2058、2094年。注意年は2040、2076年です。

収穫の年　◎（2023、2032……）

社会には自由な空気があふれ信用を大切にする気が満ちます。あなたは努力が実り、喜びの気に支配されます。新規着手はせず、気持ちを楽にゆとりを持って過ごすと最高です。

充実の年　◎（2024、2033……）

社会は若々しい気にあふれ、あなたにも活気が出ますので、完全を目指して燃焼する年にしてください。大成功の予感。天の加護がある吉年は2033、2069年。注意年は2051、2087年です。

波乱の年　▲（2025、2034……）

社会には、勤勉さが評価されるまじめな気があふれるのに対して、あなたは波乱と変動の気に支配される、試練の年です。身内に甘えすぎないようにしてください。天の加護がある吉年は2034、2070年。注意年は2052、2088年です。

震宮《しんきゅう》

変革の年　○（２０１７、２０２６……以後９年ごとに繰り返す）

社会が深く静かな気に満ちてきても、あなたを支配するのは変化の気ですから、移転、結婚、転職問題などが生じがちです。その場合は変化させることが開運につながります。また蓄財、物質運に豊かな縁があります。天の加護がある吉年は２０３５、２０７１年で名誉や賞賛を得ます。注意年は２０１７、２０５３、２０８９年です。

収穫の年　□（２０１８、２０２７……）

社会は白黒をはっきりさせる決着の気にあふれますが、あなたは違います。これまでの努力の成果を味わう喜びの気を堪能するのが正しく、ゆとりの生活で楽しいことを優先させる一年にしてください。

充実の年　□（２０１９、２０２８……）

社会に転換を求める気運が起きても、あなたはまっすぐがんばる年です。天が味方し、

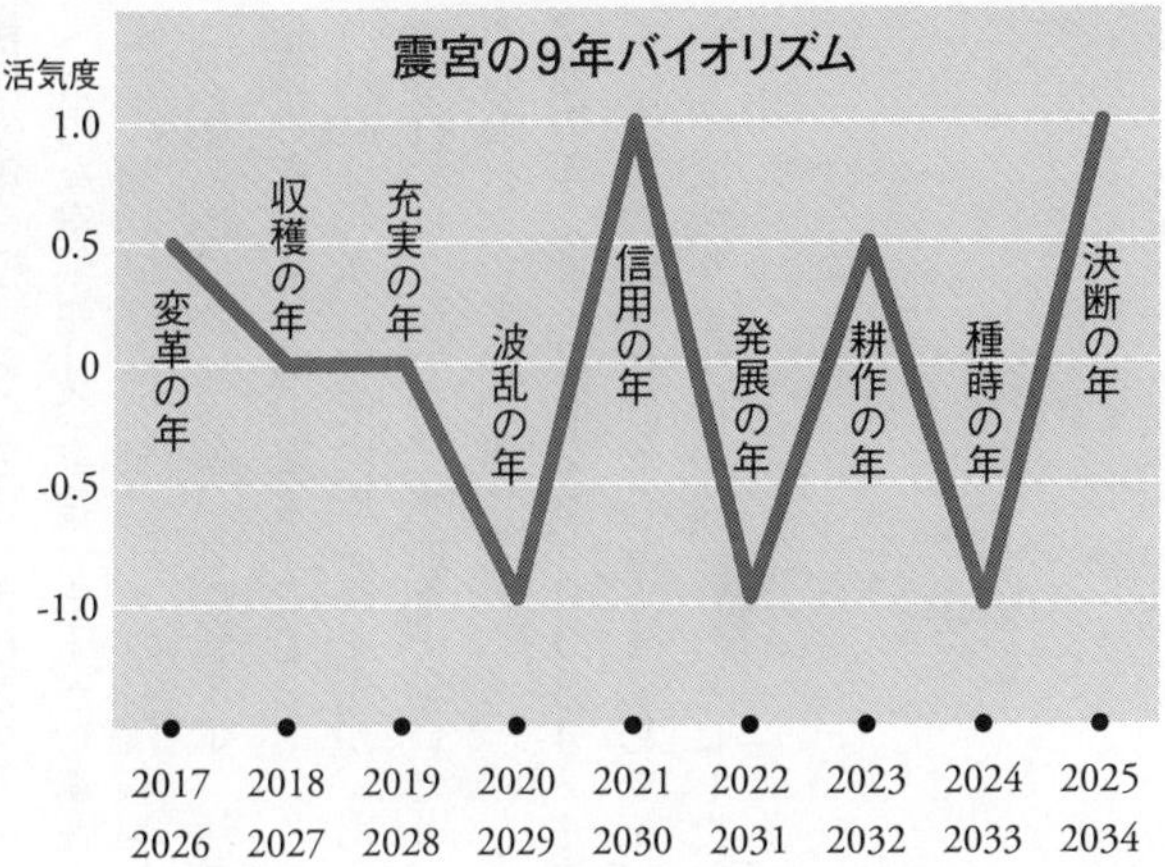

周囲が全力で応援してくれますから、夢へ直進してください。

波乱の年　▲（2020、2029……）

喜びや楽しみを求める気が社会を覆いますが、あなたには波乱含み、試練の年です。途中で投げ出さないで、粘って乗り越えてください。天の加護がある吉年は2047、2083年。注意年は2029、2065年です。

信用の年　◎（2021、2030……）

社会にはフル回転する気があふれますが、あなたには自由の風が吹きますから、忙しくなりすぎないように、優雅に過ごしてください。対人面が吉で信用されます。旅は大吉。

発展の年　▲（2022、2031……）

社会には波乱含みの気が漂いますが、あなたは発展伸長の気に支配されますから、大胆に、そして勢いをつけて進んでください。

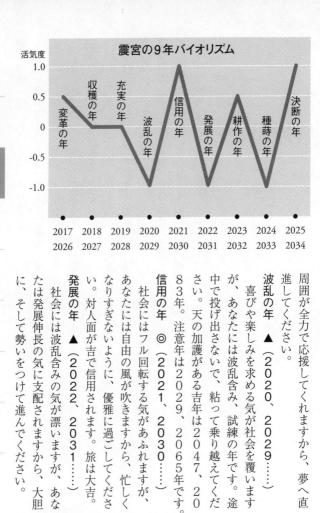

耕作の年　○（2023、2032……）
自由な空気が社会を覆いますが、あなたは「名より実を取る」方針で進んでください。確実に実力がつく年で、日々の中に小さな喜びがたくさんあります。天の加護がある吉年は2023、2059、2095年。注意年は2041、2077年です。
種蒔の年　▲（2024、2033……）
社会は若々しい気にあふれますが、あなたを支配するのは深く考える気ですから、表立った行動はしないで。水面下で動いたり、準備をしたりするのは吉で、将来の生活設計の布石を打つのに最適年。
決断の年　◎（2025、2034……）
社会は勤勉さが評価されるまじめな気に覆われますが、あなたを支配するのは決着の気です。区切りをつけたい、終わりにしたいことはこの年に整理してすっきりさせましょう。

巽宮《そんきゅう》

決断の年 ◎（2017、2026……以後9年ごとに繰り返す）

社会は静かな気に覆われますが、あなたを支配するのは決着をつけようとする強い気ですから、結論を出して気持ちをすっきりさせてください。名誉を得る年でもあります。

変革の年 ○（2018、2027……）

決着をつけようという気が社会に満ちてきます。あなたを支配するのは変化運で、生活を変えたいと思っている人にはチャンス、前向きに取り組んで夢や希望が叶います。また蓄財運にも活気が出ます。天の加護がある吉年は２０３６、２０７２年。注意年は２０１８、２０５４、２０９０年です。

収穫の年 □（2019、2028……）

社会は膠着状態を脱しようと変化を求める気運にあふれますが、あなたを支配するのは収穫と喜びの気ですから、楽しさを優先させてください。天の加護がある吉年は２０３７、

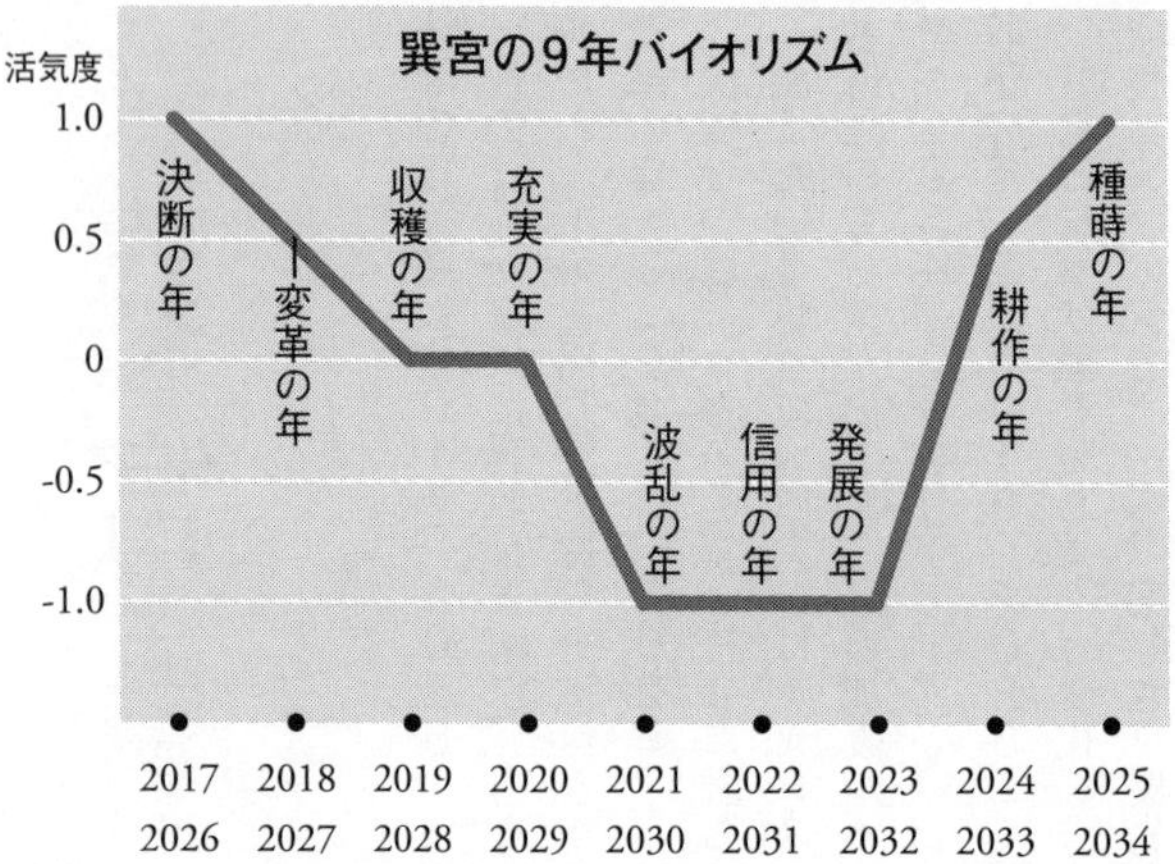

２０７３年。マイナスの変化にならないよう注意する年は２０１９、２０５５、２０９１年です。

充実の年　□（２０２０、２０２９……）

喜びや楽しみを求める気が社会を覆いますが、それには背を向けて。あなたを支配するのは完全へ向かう強い気迫です。成功に王手をかけていますから、全力でがんばってください。

波乱の年　▲（２０２１、２０３０……）

社会には全力疾走の気があふれますが、あなたを支配するのは波乱と変動の気で、試練の年です。暴走せずに、耐えて。天の加護がある吉年は２０４８、２０８４年。注意年は２０３０、２０６６年です。

信用の年　▲（２０２２、２０３１……）

波乱含みの気が社会全体を支配しますが、

その気に振り回されないよう。あなたは自由の気に包まれ、軽やかに過ごしてください。行動範囲を広く。天の加護がある吉年は２０４９、２０８５年。注意年は２０３１、２０６７年です。

発展の年　▲（２０２３、２０３２……）

自由な空気が社会を覆います。あなたを支配するのは発展の気で、まっすぐ元気に進んで可。先輩の助言が役に立ちます。

耕作の年　○（２０２４、２０３３……）

社会は若々しい気にあふれて活気がありますが、あなたを支配するのはまじめにこつこつ働く気で、次の年に大いに役立ちます。実力をつけるチャンス年です。天の加護がある吉年は２０２４、２０６０、２０９６年。注意年は２０４２、２０７８年です。

種蒔の年　◎（２０２５、２０３４……）

勤勉さが評価されるまじめな気が社会にあふれ、あなたはより深く考える気に支配される地味な年ですが、本当の姿、真実が見えてきて、精神的に大きな進歩があります。天の加護がある吉年は２０２５、２０６１、２０９７年。注意年は２０４３、２０７９年です。

離宮《りきゅう》

波乱の年　▲（2017、2026……以後9年ごとに繰り返す）

社会は静かな気に覆われますが、あなたを支配するのは波乱と変動の気で、自分から波を起こしやすい年です。大波にならないよう過激さを抑えてください。天の加護がある吉年は２０２６、２０６２、２０９８年。注意年は２０４４、２０８０年です。

信用の年　▲（2018、2027……）

社会には決着をつける、白黒はっきりさせようとする気が満ちますが、あなたを支配するのは自由の気ですから、社会の風潮に合わせなくてもかまいませんし、あなたのペースで進むといいのです。世界の舞台へ羽ばたいてください。

発展の年　◎（2019、2028……）

社会には転換を求める気運がありますが、あなたを支配するのは発展の気です。心機一転、行動力を発揮して自分の気持ちをまっすぐ貫いてください。にぎやかな人垣に囲まれ

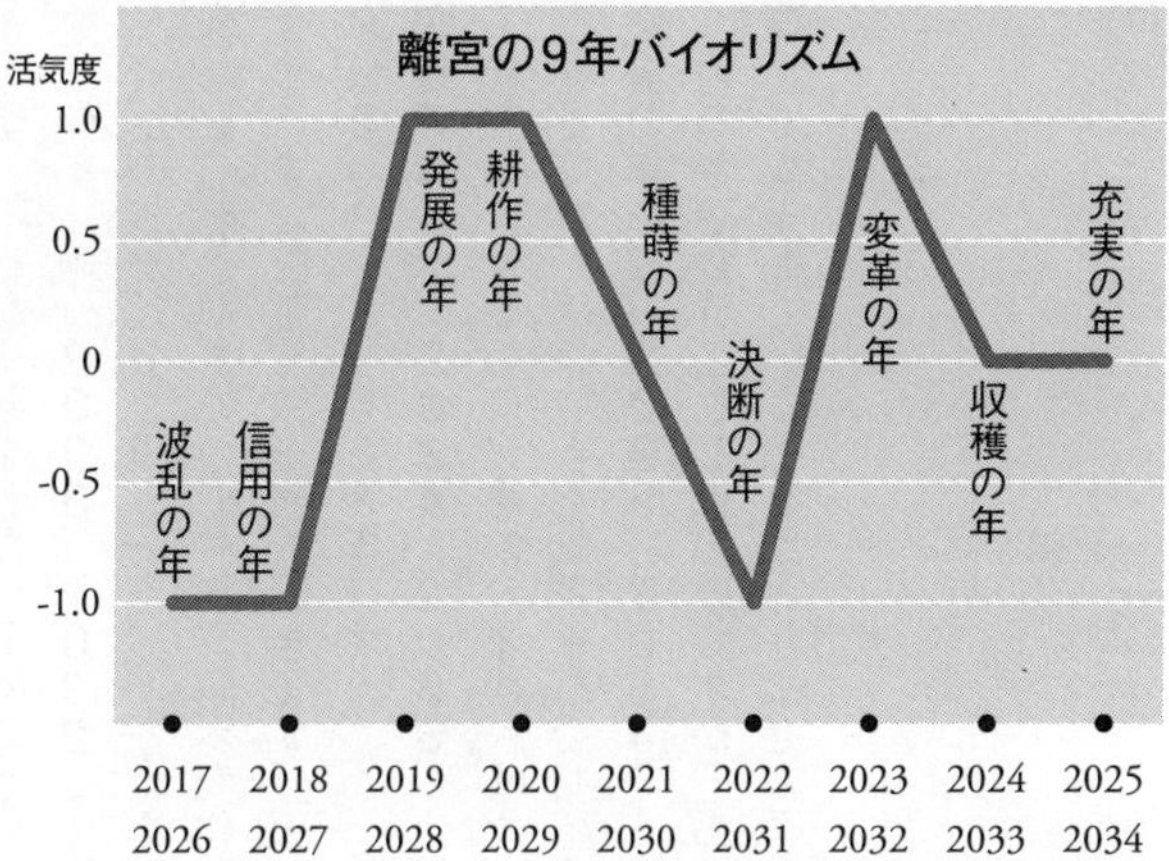

るような、新しい吉の出会いが多くあります。

耕作の年　◎（２０２０、２０２９……）

社会には喜びや楽しみを求める気があふれますが、あなたを支配するのはまじめさと、地道に働く気です。世間のムードに流されないで、実力をつける年にしてください。天の加護がある吉年は２０３８、２０７４年。注意年は２０２０、２０５６、２０９２年です。

種蒔の年　□（２０２１、２０３０……）

元気な気が社会に満ちても、あなたを支配するのは真実を見極める精神的な気です。また「災い転じて福となす」ようなことがあり、内面的に大きく成長します。

決断の年　▲（２０２２、２０３１……）

社会は波乱含みです。あなたを支配するのは、吉か凶か、善か悪か、きっぱり判断を下したくなる気ですが、自分の名誉を守ることが大切。不利な決断をしないでください。

変革の年　◎（2023、2032……）

自由の気が社会を覆う一方、あなたを支配するのは変化する気で、移転、結婚離婚、転職などが起きやすいので、吉方向へ変化させてください。結果を信じて取り組むと実現します。また貯蓄意欲の気も起きます。天の加護がある吉年は2050、2086年。注意年は2032、2068年です。

収穫の年　□（2024、2033……）

社会は若々しい気にあふれます。また、あなたを支配するのは収穫と喜びの気ですから、これまでがんばってきた成果を享受してください。自分にご褒美をあげる年に。

充実の年　□（2025、2034……）

勤勉さが賞賛される世の中ですが、あなたは完全燃焼パワーに支配されます。周囲に同調して横一線でいる必要はありません。全力を尽くして成功します。

坤宮《こんきゅう》

収穫の年　◎（2017、2026……以後9年ごとに繰り返す）

社会は静かな気に覆われますが、あなたを支配するのは喜びの気ですから、得られた成果をかみしめて、楽しんで味わう年にしてください。変化や新規着手は不可です。

充実の年　◎（2018、2027……）

決着をつけて白黒はっきりさせる気が社会にあふれますが、あなたを支配するのは完全を求める気です。世界に飛び出してがんばる気持ちで、過ごしてください。弾みがついて、予想以上の達成感が得られます。天の加護がある吉年は２０２７、２０６３、２０９９年。注意年は２０４５、２０８１年です。

波乱の年　▲（2019、2028……）

変化を求める気が社会を動かしていて、あなたを支配するのも変動の気です。強引な変化を仕掛けてしまわないよう気をつけて、退くことも必要です。天の加護がある吉年は２

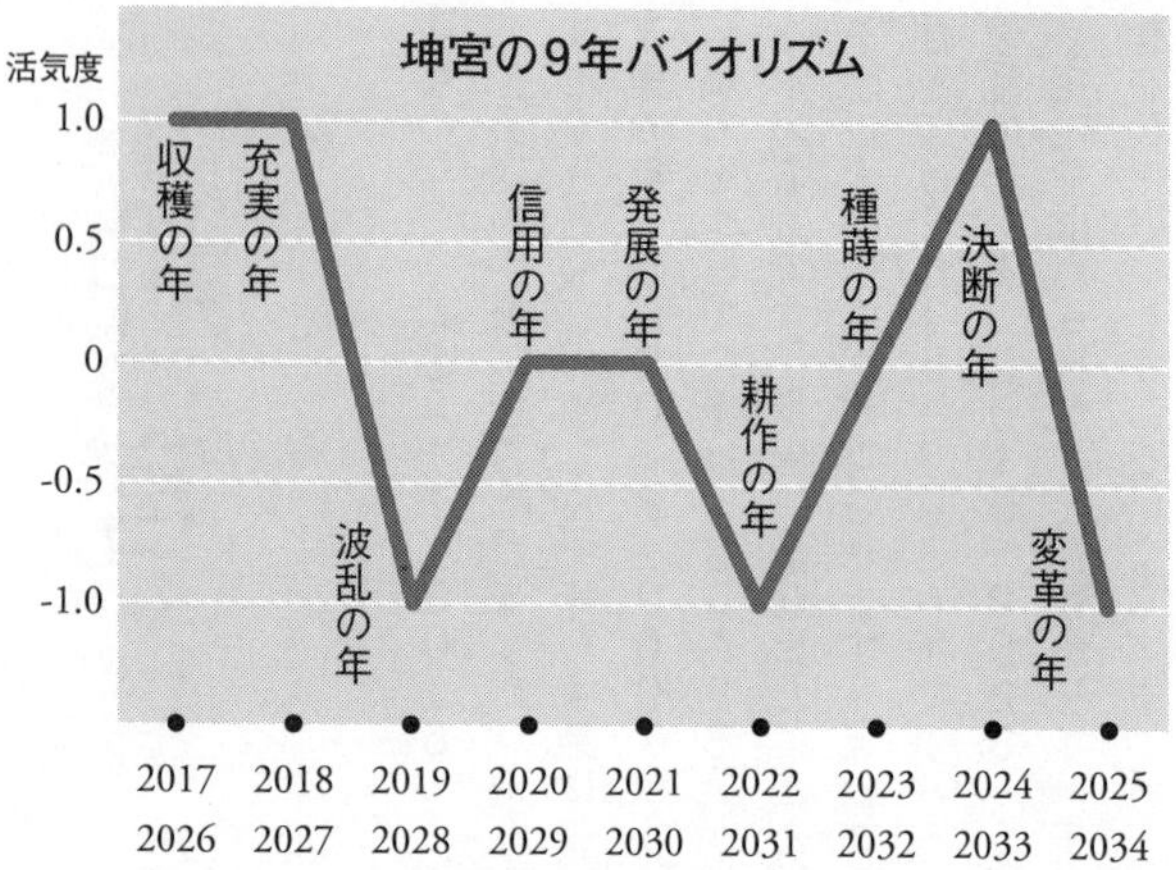

028、2064、2100年。注意年は2046、2082年です。

信用の年　□（2020、2029……）

社会には喜びや楽しみの気があふれ、あなたを支配するのは自由と信用の気です。旧世代の考えや保守的な考えを、軽やかに否定して行動すると、吉になります。

発展の年　□（2021、2030……）

完全を求めてフル回転する気が社会に満ちますが、あなたを支配する気は竹のように伸びる勢いです。時代を先取りすること吉。結果は考えなくてよいので、まず実行を。天の加護がある吉年は2039、2075年。注意年は2021、2057、2093年です。

耕作の年　▲（2022、2031……）

社会は波乱含みの気に覆われますが、あなたを支配するのは、まじめに働いて実力をつける気です。周囲に振り回されないで目の前の道をマイペースで進んでください。天の加護がある吉年は2040、2076年。注意年は2022、2058、2094年です。

種蒔の年　□（2023、2032……）

社会的な信用が重んじられ世には自由な気があふれますが、あなたを支配するのは静かな気で、真実の目が開きます。心の底でかみしめるような深い喜びがあるでしょう。

決断の年　◎（2024、2033……）

若々しい気があふれて社会に活気がありますが、あなたを支配するのは名誉運と、決着をつける気です。勇気を出してケリをつけることで名誉を得る、気持ちがすっきりすることがあります。天の加護がある吉年は2051、2087年。注意年は2033、2069年です。

変革の年　▲（2025、2034……）

社会には勤勉さが評価されるまじめな気が満ちてきますが、あなたを支配するのは生活や仕事、住居などで変化を起こしたくなる気運です。でも、変わらないほうが安全です。吉年は2052、2088年。注意年は2034、2070年です。

兌宮《だきゅう》

発展の年　□（2017、2026……以後9年ごとに繰り返す）

　表面上、社会は静かな気に覆われますが、あなたを支配するのは伸びようとする勢いのある気ですから、元気よく行動力を発揮してください。世間の常識とズレていても可。天の加護がある吉年は２０１７、２０５３、２０８９年。注意年は２０３５、２０７１年です。

耕作の年　◎（2018、2027……）

　白黒をはっきりさせようとする気が社会を支配しますが、あなたを支配するのは決着をつけることではなく、まじめに、着実に目の前のことをしながら力をつける気です。

種蒔の年　◎（2019、2028……）

　社会には変化、転換を求める気運がありますが、あなたを支配するのは心の底深く考える気です。生活形態を大きく変えないで、内面的な成長に力をそそいでください。

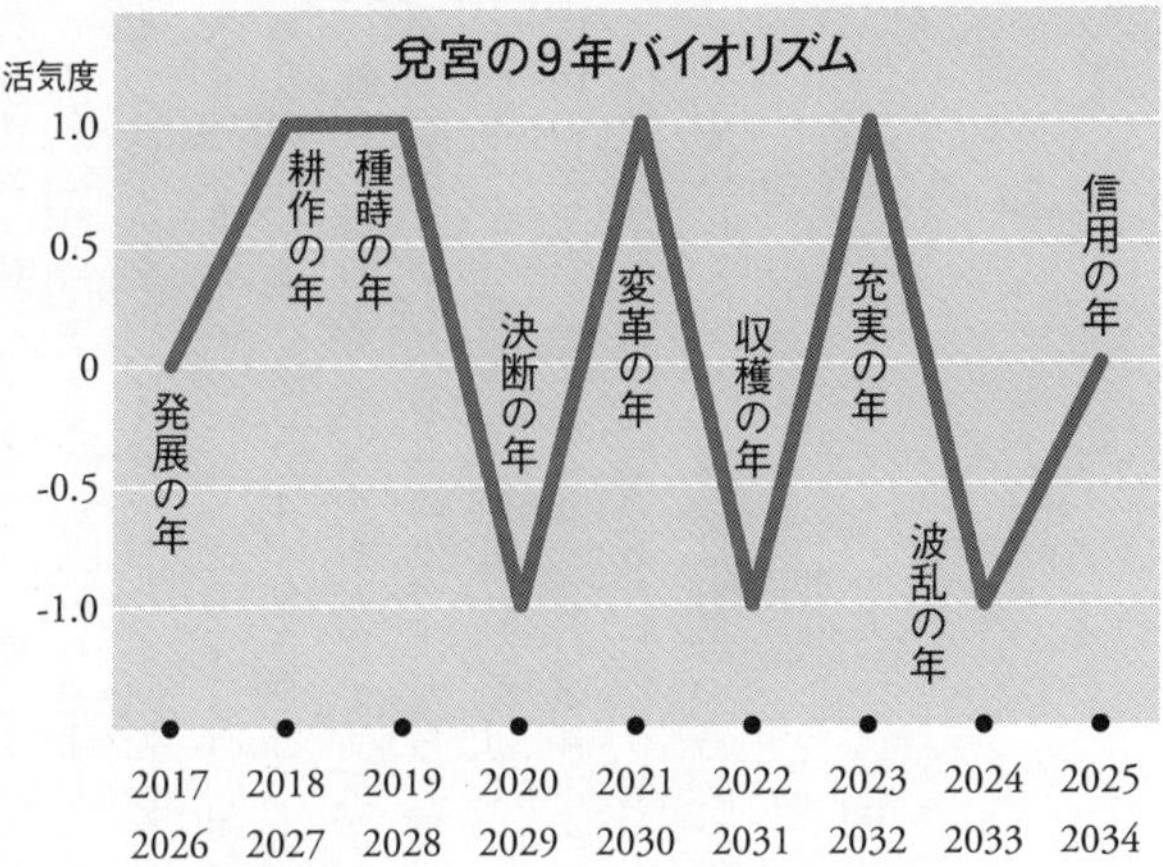

決断の年 ▲（2020、2029……）

喜びや楽しみを求める気が社会にあふれますが、あなたを支配するのはきっぱり決着をつけようとする、白黒をはっきりさせる気です。でも強引な決着は裏目に。天の加護がある吉年は2029、2065年。注意年は2047、2083年です。

変革の年 ◎（2021、2030……）

社会はフル回転する多忙の気に覆われますが、あなたを支配するのは移転、結婚、転職、交友関係を変える、など変化の気で、全力を尽くして吉。また物質運が強い年です。

収穫の年 ▲（2022、2031……）

波乱含みの気が社会全体を支配するために、個人の力を発揮するのは限界があるものの、あなたを支配する気は収穫と喜びの気です。穏やかな楽しみを優先させてください。

充実の年　◎（２０２３、２０３２……）

社会には自由な空気があふれますし、信用が重んじられます。そして、あなたを支配するのは完全を求める気で、フル回転の年ですから寝る間も惜しんでがんばって。天の加護がある吉年は２０４１、２０７７年。注意年は２０２３、２０５９、２０９５年です。

波乱の年　▲（２０２４、２０３３……）

社会には若々しい気があふれて活気がありますが、あなたを支配するのは、元気がよすぎて暴走しがちな波乱の気ですから、反対を押し切ってまで進んではいけません。ブレーキを離さず、周囲の意見に耳を傾けて。

信用の年　□（２０２５、２０３４……）

社会はまじめが美徳であるという気が支配しますが、あなたを支配するのは自由の気です。柔軟に対応し、最後は自分の考えを通してください。また海外にも縁があります。

乾宮

けんきゅう

耕作の年　◎（２０１７、２０２６……以後９年ごとに繰り返す）

冷静沈着の気が社会を覆いますが、あなたを支配するのはわき目をふらずに働いて実力がつく気です。一攫千金を夢見てはいけません。

種蒔の年　◎（２０１８、２０２７……）

社会には白黒をはっきりさせる気が動きますが、あなたを支配するのは、静かに深く考える気です。次の希望に向かって具体的に準備する年です。天の加護がある吉年は２０１８、２０５４、２０９０年。注意年は２０３６、２０７２年です。

決断の年　□（２０１９、２０２８……）

変化と転換を求める気運が社会に満ちますが、あなたを支配するのは現在のことに決着をつける気です。原点や中心部をしっかり押さえることが吉ポイントです。天の加護がある吉年は２０１９、２０５５、２０９１年。注意年は２０３７、２０７３年です。

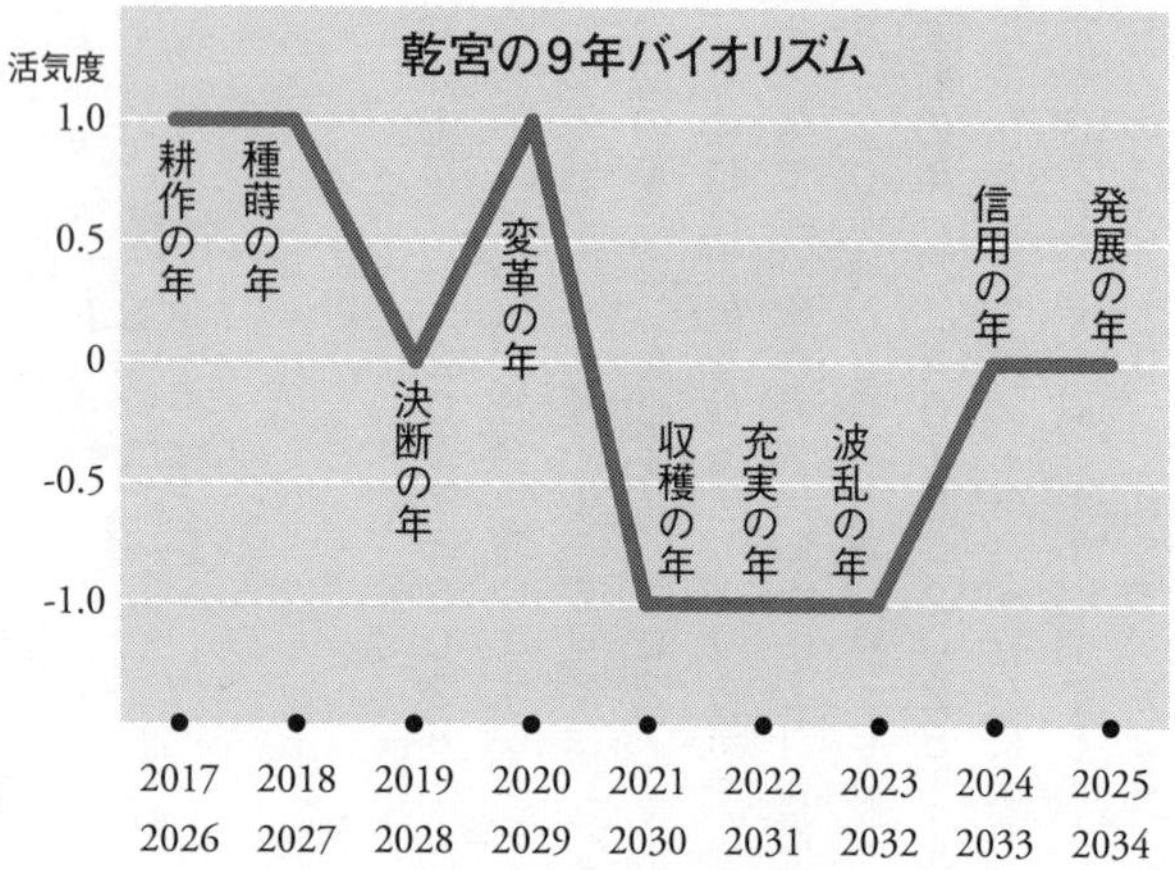

変革の年　◎（2020、2029……）

社会には喜びや楽しみを求める気があふれますが、あなたを支配するのは移転、結婚、転職など変化を求める気です。いい変化を起こしてください、きっと叶います。

収穫の年　▲（2021、2030……）

全力疾走する気が社会に満ちますが、あなたを支配するのは楽しさ、収穫の喜びの気です。周囲の忙しい動きに巻き込まれないで、少しのんびり過ごしてください。天の加護がある吉年は2030、2066年。注意年は2048、2084年です。

充実の年　▲（2022、2031……）

社会には波乱含みの気が充満しますが、あなたを支配するのは目的にまっすぐ進む気です。私より公、仕事面で自分の果たすべき役割に全力をあげてください。天の加護がある吉年は2031、2067年。注意年は2049、2085年です。

波乱の年 ▲(2023、2032……)

社会には自由な空気があふれますが、あなたを支配するのは波乱含みの気です。強引にやりすぎない、周囲に大きな波を起こさないよう、自制してください。

信用の年 □(2024、2033……)

若々しい気が社会にあふれ活気がありますが、あなたを支配するのは自由の風です。社会の中心から少し離れて、優雅にしていてください。対人面では、深入りしないこと。天の加護がある吉年は2042、2078年。注意年は2024、2060、2096年です。

発展の年 □(2025、2034……)

社会には勤勉さを評価するまじめな気が支配的ですが、あなたを支配するのは発展の気で、若々しい気持ちで行動すると注目され、進展します。天の加護がある吉年は2043、2079年。注意年は2025、2061、2097年です。

中宮

ちゅうきゅう

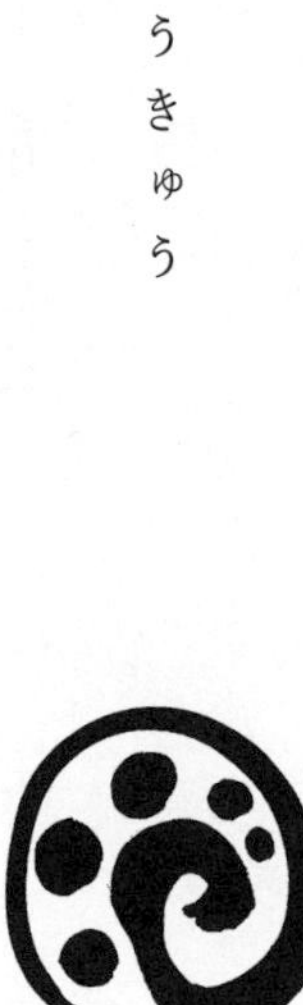

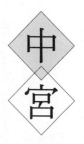

種蒔の年　○（2017、2026……以後9年ごとに繰り返す）

社会は静かな気に覆われ、あなたを支配するのも深く考える気です。将来の計画を立てて準備を始めましょう。ただし本格的な実行は、翌年以降に。また問題を抱えている人は、よい解決策にたどり着きます。

決断の年　○（2018、2027……）

決着をつけようとする気が社会にあふれ、あなたの気持ちも同じ波長です。ふっきれなかったことに白黒がついて、すっきりします。身の回りにあふれている物を整理すると吉。

変革の年　▲（2019、2028……）

社会には膠着状態をどうにかしたいと変化を求める気運があり、あなたを支配する気も変化です。この年は自分の得意分野で、ゆるぎない自信を持って勝負すること。

収穫の年　□（2020、2029……）

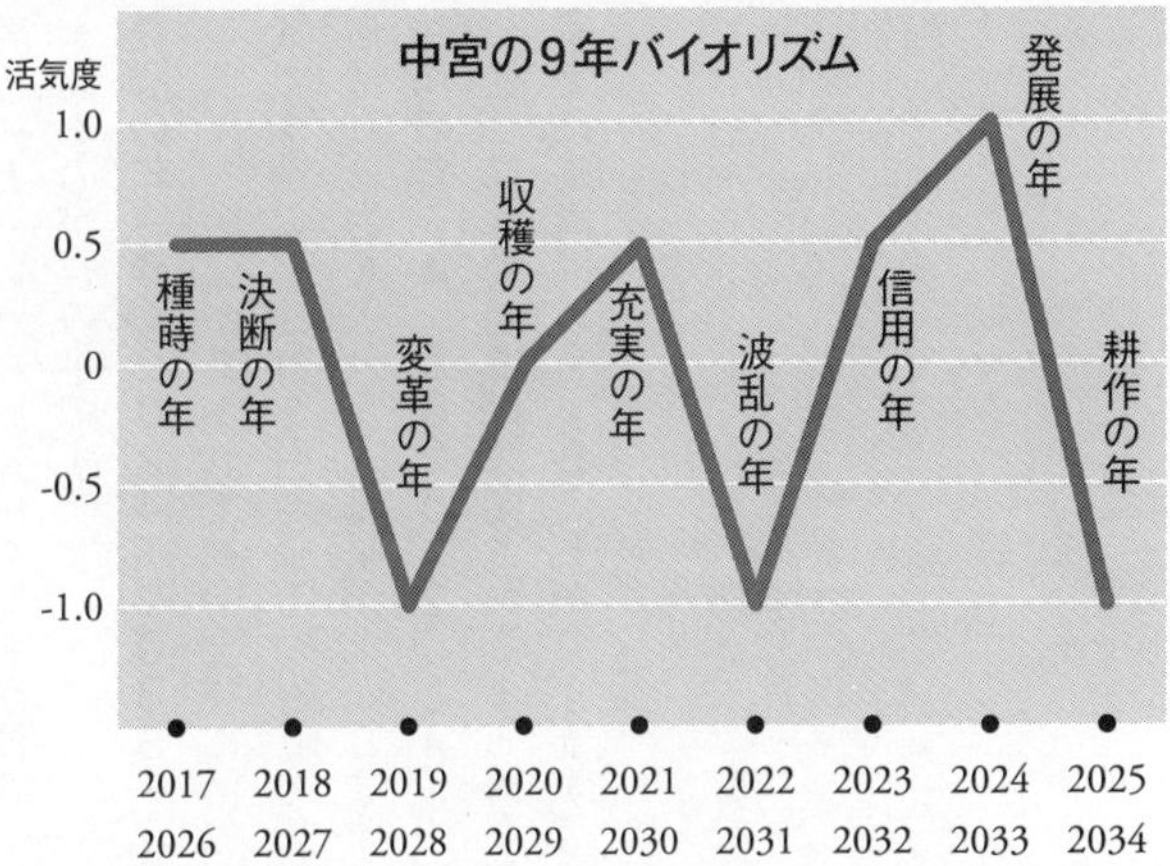

喜びや楽しみを求める気が社会を覆い、あなたを支配するのも収穫と喜びの気です。社会の動きと歩調を合わせて、楽しみの多い年になるでしょう。

充実の年　○（2021、2030……）

フル回転する活力が社会に満ちて、あなたもまた全力を尽くしたいという気に支配されます。自信がつく時ですから、大通りをパレードする気合いで堂々と進んでください。

波乱の年　▲（2022、2031……）

社会には波乱の気があふれ、社会の空気に影響されてあなたも変動を求めたくなりますが、暴走しかねませんから自重して。リーダーになるのは要警戒です。

信用の年　○（2023、2032……）

自由な空気が社会を覆い、また信用が重んじられますが、あなたも気持ちが柔軟になって枠にとらわれない自由な発想が湧き、のびのびとふるまうことができます。旅など、動き回るのが吉の年です。

発展の年　◎（2024、2033……）

若々しい気があふれて社会全体に活気がありますし、あなたを支配するのも発展伸長の気ですから、社会を引っ張るつもりで行動力を発揮して大いに伸びることができます。宣伝活動に力を入れると効果が上がります。

耕作の年　▲（2025、2034……）

社会には勤勉さが評価されるまじめな気が満ち、あなたもこつこつと働く気に導かれて、着実に基礎固めをすることができます。これから先の9年間のリズムを支える一年です。

第四章　開運のヒント

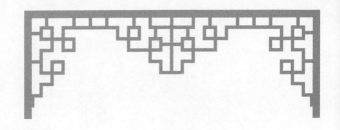

実践した人から幸せに

この章では、具体的に行動して自ら運を開く方法を書いてあります。

開運のチャンスは常にあります。まず自分の強みや弱点を知り、そのうえで長所を伸ばして欠点をカバーし、運をアップしていきましょう。

宮ごとに、大切にする方位と季節を示し、ラッキーな場所や食べ物、ラッキーグッズ、吉数、ラッキーカラーを具体的にあげながら、吉運を招く行動を並べました。

さらに、開運メイク、装いのポイント、吉柄や素材、吉アクセサリーなど、幸運につながるおしゃれのアドバイスを加え、あらゆるシーンでの開運法をお知らせしています。

それぞれの宮の最後には座右の銘とすべき〝お守り言葉〟も付しました。できることから実践して、ぜひラッキーを引き寄せる吉運体質になってください。

坎宮《かんきゅう》

あなたの強みは粘り強さと深い思索力です。弱点は深く考えすぎてタコ壺に入ってしまうような閉鎖性です。汚れた気を近づけず、開運の土台を作り、「清らかな水の気」をまとえるよう、次の開運法を実践してください。

大切にする方位と季節

◆守るべき聖域

あなたには「北」の方位が与えられていますので、この方位を聖域として清潔に保ちましょう。自分の部屋の北の方位に注目してください。ゴミを置いていないか、汚れていないか、不快なものを置いていないか？　もしあったらそれらを一掃して、丁寧に掃除をしてください。

とくに3月、6月、12月生まれの坎宮は、自分に強い力をつける気持ちで心をこめて念入りにきれいにしてください。

◆大切な月
あなたには、冬の「12月」が割り当てられています。この時期を修行期間と思って、怒ったり裏切り行為などで自分の心を汚さないよう気をつけ、丁寧に過ごしましょう。

開運行動

一枚の中に、青空・木・水が入っている絵や写真を飾ってください。その絵柄には、人に助けられる・人を助ける・自分自身を強くする三つの吉運要素が含まれていて、運を底上げする暗示があります。もし北の方位に飾ることができるならさらに効果が高く、モノクロよりもカラーのほうが早く効果があらわれます。

また、冷蔵庫内を清潔に保って食品管理し、バスタイムは入浴剤を入れてゆっくり楽しみ、体の内からも外からもマイナスの気を払いましょう。

船旅やクルーズはひそかなラッキーや副収入運を呼び寄せます。船室にいるよりデッキで潮風、川風に当たって体の中に吉の気を通してください。

ラッキーな場所は、海、川、滝など動く水があるところです。その中ですっきりする場所を発見したら、あなたにとってそこが「清め」の場所ですから、時々訪れましょう。ただし滝壺のある場所からは30分以内で引き上げてください。

ラッキーな食べ物は、黒ゴマ豆腐、白魚。

ラッキーグッズは初版本で、紙に包んで携帯するとさらによい。水色の袋に入った御守。

吉数は、1。

ラッキーカラーは、濃紺、黒です。

おしゃれ

◆開運メイク

坎宮の化粧のポイントは「耳」にあります。「耳」には体のつぼがたくさんあって腎、気力をあらわします。

健康、恋愛、財運を強化する「福耳」の作り方は、耳全体を優しく押してから、耳たぶ（垂珠《すいしゅ》といいます）をマッサージして血流をよくする。その後にイヤリングをつけると、耳たぶをふっくら見せる補強効果があって、開運耳を作ることができます。

とくに恋愛運を強くしたい人は、耳たぶをマッサージした後に薄ピンクのチークをつけてください。外出先やデート中でチークがない時は、口紅をごく少量のばしてつけましょう。即効果があります。

ピアスは、耳に穴を開けることは凶ですが、ピアスをつけることは吉、相殺されて吉凶なしとします。

◆装いのポイント

一見、ふつうに見えるけれど、よく見るとレース模様のように手が込んでいるもの、凝っているデザインや生地が吉です。イメージはプロ好み、知る人ぞ知るといった「通《つう》好みの装い」です。

吉パターンは、水玉模様、チェック。シルク素材。

吉アクセサリーは、バロック真珠の指輪、琥珀《こはく》のイヤリング、カメオなど貝殻で作ったアクセサリー。

坎宮のお守り言葉

流れる水のごとく

わが道が険しく思える日は、
晴れた空にパワーをもらい、
雲に心を休め、雨に清められて。

艮宮《ごんきゅう》

あなたの強みは志の高さとひたむきさです。弱点は封建的な面と、信念ゆえの頑固さです。素晴らしい誇りを維持するため、ヒマラヤや富士山のような「崇高さ」を引き寄せる、次の開運法を実践してください。

大切にする方位と季節

◆守るべき聖域

あなたは「北東」の方位を司っていますので、この方位を聖域として清潔に保ちましょう。自分の部屋の北東の場所に注目してください。ゴミを置いていないか、汚れていないか、不快なものを置いていないか？　もしあったらそれらを一掃して、きれいにしましょう。

とくに5月、7月、8月生まれの艮宮は自分の弱みを払い、強い力をつける気持ちで心をこめて掃除してください。

◆大切な月

あなたには、早春の「1月と2月」が割り当てられています。この時期は、怒ったり裏切り行為などで自分の心を汚さないよう気をつける修行期間です。

開運行動

文化財のような古い町並みや蔵の町を散策する、古い豪商の家や保存民家などを訪ねると、あなたが本来持っている伝統の気と一体になります。その場合、少なくとも2時間以上、その地にいて空気を吸う、食事をする、喫茶店に入るなどして、その地のものを体内に取り入れてください。日常的には坂の巡り歩きが吉行動です。

また、艮宮には「とどまる」意味があり、旅行中もっとも長い時間とどまっているのは宿です。そこが快適だったら開運旅の半分以上は成功です。伝統の名旅館、重厚なホテル、清潔な宿にこだわってください。

ラッキーな場所は、高台の公園、城の天守閣です。お姫様がわが領土をのぞむように、見渡してください。いい気分になれたら、そこを心の故郷にして元気をもらいましょう。

ラッキーな食べ物は、ビーフジャーキー、かんぴょうが入ったいなり寿司。

ラッキーグッズは、ゴールドの金具がついた革バッグ、リボン飾りのついたパンプス、または2年以内に購入した黒革のカード入れ。

吉数は、8および11、22、33……など並び数。

ラッキーカラーは、チョコレート色です。

おしゃれ

◆開運メイク
艮宮の化粧のポイントは「鼻」と「ほお骨（観骨《かんこつ》といいます）」にあります。

「鼻」は顔の中心にあって自己をあらわします。鼻は高すぎず低すぎず鼻柱がまっすぐ通っているのが理想です。

鼻柱には一段階明るいファンデーションをつけましょう。ただし、鼻柱の両脇に濃いシャドーを入れるのはおすすめできません。鼻筋が通っても金運にマイナスが生じるからです。

またボクサーなど格闘家は顴骨が張っている典型であるように、ほお骨は攻撃性をあらわします。積極性と行動力を高めたい時や自己主張したい日には、ハイライトを入れて目立たせてください。

◆装いのポイント

肩パッドが入ったきちんとした印象の服やパンツが似合いますし、スカートならひらひらしたものよりタイト風が運の活性化につながります。「イギリスの伝統的なファッションスタイル」をイメージしておしゃれを。飽きのこないデザインの服を基本にして、小物でアクセントをつけて流行を取り入れ、服の表情を変えてください。和服も吉です。

吉パターンは、連続模様。カシミヤ素材。

吉アクセサリーは、厚みのある丸型ブローチ、大正ロマン風のつばがごく狭い帽子、アンクレット。

良宮のお守り言葉

高きプライド、志を助ける

かかげた目標や
大切な人のために時間を使い、
自分の命を働かせよう。

震宮《しんきゅう》

あなたの強みはひらめくアイデアと、喉の奥にスピーカーを持っているかのような張りのある声です。弱点は好奇心が次々に移るため、中途半端になりやすい、短気になりやすいことです。好奇心を邪魔するものを払い、直感力を磨くためには、常に「新鮮さ」を身につけていなくてはなりません。そのための具体的な方法をお知らせします。

大切にする方位と季節

◆守るべき聖域

あなたは「東」の方位を司っていますので、この方位を聖域として清潔に保ちましょう。自分の部屋の東の場所に注目してください。ゴミを置いていないか、汚れていないか、不快なものを置いていないか? もしあったらそれらを一掃して、きれいにしてください。

◆大切な月

あなたには、春の「3月」が割り当てられています。この時期を修行期間と思って、怒ったり裏切り行為などで自分の心を汚さないよう気をつけ、優しく過ごしましょう。

開運行動

空港のロビーや滑走路が見えるところで飛行機の離着陸を眺めてください。その時、自分の希望が飛行機とともに飛び上がる、飛べるところまで飛んでみよう、無事に着地する、と強くイメージしてみましょう。希望が実現するスピードが加速します。

旅をするなら、祇園祭《ぎおんまつり》のように野外のお祭り行事に合わせると運に勢いがつきますし、あなたの季節である「春」に野草狩りをすると、新鮮そのもので吉。また竹はあなたのシンボル植物ですから、竹林、竹庭を訪ねると運がすくすくと伸びます。

コンサートへ行くなら演奏だけのものより、オペラや合唱団など歌声が入るとあなたの声帯に響いて喉が喜び、声がなめらかになるでしょう。また聴いている最中にアイデアがひらめく場合が多いのです。震宮の場合は、開運行動の効果が早くあらわれるのが特徴で、その代わり吉兆も稲妻のようですから、見逃さないでキャッチしてください。

ラッキーな場所は、あなたがわくわくする、再訪したいと思う桜の名所です。そこはあなたが初心に戻る原点ともいうべきスポット。ふるさとに回帰する気持ちで、毎春訪れましょう。

ラッキーな食べ物は、こはだと菜の花が入っているちらし寿司。

ラッキーグッズは、小さな竹細工がついたストラップ、ヒーリングCD、化粧刷毛《はけ》や歯ブラシ、ヘアブラシなどブラシ類。

吉数は、1、3、5……など奇数。

ラッキーカラーは、若草色です。

おしゃれ

◆開運メイク

震宮の化粧のポイントは「眉」です。動物に眉がないように、眉は人間性のあらわれです。保寿《ほじゅ》宮、文章宮、兄弟《けいてい》宮ともいい、健康運、文章芸術運、身内の縁をあらわします。

「目は口ほどにものを言う」と言いますが、目より先に喜怒哀楽の感情があらわれるのが眉で、毛の逆立ちで判断します。気持ちが荒れると毛の方向がばらばらに、いわゆる羅漢《らかん》眉になってきます。

大切なのは毛並がそろい、左右の形がそろっていることです。髪をとかすように眉ブラシで整えてから、左右の長さとカーブが同じになるよう、足りない部分を描き足しましょう。

眉頭をしっかり描くと若々しい印象になり、好奇心と研究心が出てきます。眉間を広くすると、のんびりできるか人気が出てきます。自分に尽くしてくれる人が欲しい、住居を安定させたい時は、まぶた(田宅《でんたく》といいます)に明るめのシャドーをつけて眉と目の間が広く見えるようにしてください。

◆装いのポイント

「颯爽《さっそう》、フレッシュ」をイメージして装ってください。季節ごと、年ごとに脱皮するように、流行最先端の服を。ハンカチ一枚でも流行《はや》り物を買う。誰かが腕を通したリサイクル品を買わない、お下がりをいただくのもおすすめできませんが、人にあげるのはＯＫです。髪や爪など、伸びる部分の手入れが吉で、まめにヘアカット、爪磨きをして。

吉パターンは、直線的な模様。化学繊維。

吉アクセサリーは、グリーン系の色石のチャームがついている細いネックレス。

震宮の
お守り
言葉

号令はいつも私から!

よく語り、よく歌い、よく笑うと、
声で幸せを
招き寄せることができます。

巽宮《そんきゅう》

あなたの強みは空の彼方からやってくるような自由さと、初対面の人とも親しくなれる社交性です。弱点は風見鶏のようなあいまいさです。「爽やかな風」で圧迫感を吹き払い、自由を守るために具体的な次の開運方法を実践してください。

大切にする方位と季節

◆守るべき聖域

あなたは「東南」の方位を司っていますので、この方位を聖域として清潔に保ちましょう。自分の部屋の東南の方位に注目してください。ゴミを置いていないか、汚れていないか、不快なものを置いていないか？　もしあったらそれらを一掃して、きれいにしてください。

とくに3月、10月、11月生まれの巽宮は、魔を払うつもりで念を入れてきれいにすること。

◆大切な月

あなたには、春から初夏の「4月と5月」が割り当てられています。この時期を修行期間と思って、怒ったり裏切り行為などで自分の心を汚さないよう気をつけ、丁寧に過ごしましょう。

開運行動

部屋のカーテンを夏用と冬用で替える、レースカーテンを新調する、ブラインドの羽は細いほど吉。夏はすだれをかけると、細い桟《さん》を通って吉運の風が入ってきます。

また二色以上入った漆塗りのマイ箸を買い、初めて使う前に、箸に向かって手を合わせてください。自尊心が高まります。そして使った箸は必ず自分で洗いましょう。

旅は、海外旅行に行ったら片言でも現地の言葉を覚えて使う。国内旅行はその地独特の訛《なま》りや言い回しを真似すると、気づかずにたまっていたストレスが吹き払われて、自由の風が入ってきます。

ラッキーな場所は、駅、空港、国際的なホテルのロビー、バスターミナルなど。さまざまな人が行き交い、集散する中でほっと落ち着くところを見つけたら、そこはあなたの魂が解放される場所です。

ラッキーな食べ物は、そば、うどんやスパゲッティなどの麺類で、抹茶入り、ほうれん草入りなど緑色をした極細麺。新海苔。

ラッキーグッズは、赤と緑のストライプの携帯傘。植物が描かれた版画の絵葉書。紅型《びんがた》染めのぽち袋。旅の途中に自分で買った、あるいはお土産にもらった木製のボールペン。

吉数は、1、4、5。

ラッキーカラーは、青、緑です。

おしゃれ

◆**開運メイク**

巽宮の美のポイントは「髪の毛」にあります。日常の手入れとして、育毛剤をつけ、手で頭皮をもみほぐすようにマッサージして、指先で頭全体、とくに後頭部を丁寧に軽くとんとん刺激する。

恋愛運を強くしたい人のポイントは三つ、まず髪にゆるくウェーブをつける、次にうなじを覆うヘアスタイルにする、仕上げに微香性のスプレー。

あなたが愛を終わりにしたいと思っているのなら、髪の毛は愛を切る力も持っています。愛が終わってから髪を切るのではなく、先に美容院へ行って髪をカットしてください。うなじから愛の気が抜けて、情熱が冷めていきます。

◆装いのポイント

イメージは「エレガント」です。揺れるイヤリング、風になびくスカーフやマフラー、スカートならタイトよりフレア。厚手の服を一枚着るよりも、空気を着るような重ね着ファッションや、暑さ寒さを調節できる服のおしゃれを。
吉パターンは、ストライプ。オーガンジーのように薄手の素材。
吉アクセサリーは、喜平《きへい》チェーンの細い金ネックレス、ラメ入りなどきらきら光るカチューシャ、細いベルトまたはチェーンベルト。

巽宮のお守り言葉

天女の羽衣をください

心を込めて唱え、
呼吸をゆっくり繰り返すと……
やがて心と体がふうわりと動き出します。

離宮《りきゅう》

あなたの強みは人目を惹く明るさと、素早い決断力です。弱点は、パッと咲いて散ったらすべて終わる花火のように、後を振り返らない独善性です。「正しい判断力」が身につくよう、明るさにさらに磨きがかかるよう、次のような開運法を実践してください。

大切にする方位と季節

◆守るべき聖域

あなたの宮は「南」の方位を司っていますので、この方位を聖域として清潔に保ちましょう。自分の部屋の南の方位に注目してください。ゴミを置いていないか、汚れていないか、不快なものを置いていないか？　もしあったら一掃して、きれいにしましょう。

◆大切な月

あなたの宮には、初夏の「6月」が割り当てられています。この時期を修行期間と思って、怒ったり裏切り行為などで自分の心を汚さないよう、丁寧に過ごしてください。

開運行動

あなたの開運はおしゃれから始まります。おしゃれで好感度をアップさせ、第一印象で相手の心と吉運をぐっと引き寄せてください。そして発言する前に一呼吸入れる癖をつけると、正しく判断したことのみを口から出すことができます。

また、ひまわり畑、花火大会、ほおずき市、朝顔市など夏を象徴する風物は、強い活力の貯蔵庫ですから、できるだけ回数多く訪ねてパワーを吸収しましょう。赤い模様のガラスの風鈴を買うと、優しさと余裕が生まれます。

ラッキーな場所として、ログハウス、森小屋ふうの郷土館や記念館、喫茶店などの建物は、離宮にとって「ろうそく」のような存在で、明るい炎を灯《とも》し続けるための情熱をもらうことができます。

ラッキーな食べ物は、赤い実の入ったケーキ、海老天丼、ドーナツ。

ラッキーグッズは、金魚の柄のスカーフ、紫の万年筆、正円形のコイン入れ。
吉数は、9。
ラッキーカラーは、赤、紫です。

おしゃれ

◆開運メイク

離宮の化粧のポイントは「目」にあり、もっとも力の入れがいのあるパーツです。集中力を出したい日のアイメイクは、顔の中心部を強調するように目頭寄りのアイラインをいつもより丁寧に入れ、アイシャドーも気合いを入れてつける。

ゆったり過ごしたい日は目尻（魚尾《ぎょび》といいます）が下がり気味になるようメイクをする。強い気を発したい時は、目尻を上げるようにラインを引く。豊かな愛と元気をアピールしたい時は、目の下のいわゆる袋の部分（臥蚕《がさん》・涙堂《るいどう》）のクマを消してから、明るくメイクしてください。

あらゆる希望を通すためには、眉と眉の間（印堂《いんどう》）から目と目の間（山根《さんこん》）にかけての産毛をきれいに剃って、仕上げにゴールドか黄色を一刷毛のせること。鼻筋が通って見えますし、願いが叶います。「愁眉《しゅうび》が開く」とは心配事がなくなることで、この部分が明るいことをいいます。開運メイクで希望の道を作ってあげましょう。

◆装いのポイント

色が勝負です。遠目でも映えるはっきりした色と、色を際立たせるためのすっきりしたデザインの服を。アクセサリーはワンポイントとなる一点豪華が吉です。「大人の女のゴージャス」をイメージして決めてください。

吉パターンは、円、大きな柄。素材は問いません。

吉アクセサリーは、水玉模様の枠のめがね、赤い三角形のトップがついたペンダント、ばらの形のイヤリング。

離宮のお守り言葉

卵の中から虹の音

誰も知らない人生の美しさに、
あなたはいつか遭遇するでしょう。

坤宮《こんきゅう》

あなたの強みは、堅実さと惜しみない努力です。弱点は、実用を優先するあまり、華やかな夢を持ちにくいことです。「夢を描く」楽しさと、よい夢を実現させる次の開運法を実践してください。

大切にする方位と季節

◆守るべき聖域

あなたの宮は「南西」の方位を司っていますので、この方位を聖域として清潔に保つよう心がけてください。自分の部屋の南西の方位に注目してください。ゴミを置いていないか、汚れていないか、不快なものを置いていないか？　もしあったらそれらを一掃して、きれいにしてください。
とくに1月、2月、11月生まれの坤宮は、心をこめてきれいにしましょう。

◆大切な月

あなたの宮には、夏の「7月と8月」が割り当てられています。この時期を修行期間と思って、怒ったり裏切り行為などで自分の心を汚さないよう気をつけ、丁寧に過ごしてください。

開運行動

日々の小さな心がけから開運できます。たとえば、専用の歩きやすいシューズを用意して往復15分と決めてウォーキングをする。それがおっくうな時は、前かごに金色の袋を入れて自転車に乗る。雨の日は自宅でテレビ体操かラジオ体操をする。この三つをローテーションで続けていくうちに、楽しく実現可能な夢を思いつきます。

また、スウェーデン刺繍《ししゅう》やピースの多いジグソーパズル、キルトなど、手先を使うこともよいのです。自分に合う、やってみたいボランティア活動などを見つけて実行すると、予想外の面白い展開があります。シーツとパジャマをまめに洗濯すると、夢実現への準備が早く整います。
ラッキーな場所は、砂漠。自宅から南西にある湯治場や里山、またタイル絵のある銭湯はあなたのパワースポットです。
ラッキーな食べ物は、白玉みつまめ、豆カンを黒蜜で食べる、焼きとうもろこし。
ラッキーグッズは、時計つき万歩計、生成りの帆布の袋。豆本、高級カレンダー。
吉数は、2、4、6……など偶数。
ラッキーカラーは、ベージュです。

おしゃれ

◆開運メイク

坤宮の化粧のポイントは「肌」にあります。基礎化粧品は高価でもよいものを。朝は保湿化粧水を十分に、夜はマッサージやパックをして素肌の手入れにもっとも時間をかけてください。じわじわ効いてきて、効果が顔にあらわれた時には、他の人との差が歴然とします。

ファンデーションは顔の凹凸に合わせて立体的に仕上がるよう、二色を使い分けてください。その場合、意志を貫きたいならえら骨（腮骨《しこつ》といいます）に明るい色を、評判をよくしたいならこめかみ（高広《こうこう》・駅馬《えきば》）に明るい色を、不動産運を強くしたいならあご（地《ち》閣《かく》）を明るくしてください。恋愛運を強くしたい場合は、目尻と髪の生え際の間（魚尾《ぎょび》・奸門《かんもん》）にピンク系の明るいファンデーションをつけましょう。

また、坤宮は「手の人」でもありますから、顔と同じように手入れして、美しい手で幸運をつかんでください。

◆**装いのポイント**

手編みのセーターなどニット系の「柔らかいシルエット」のイメージが吉で、風合いや皮膚感覚を大切に、買う時は必ず手触りを確かめてから。デザインはスタンダードなものが落ち着きます。母や姉妹と服を着回す、アクセサリーを共有するのは吉です。

吉パターンは、小紋調、小さい柄。木綿や麻素材。

吉アクセサリーは、汕頭《スワトウ》のハンカチ、チャームの多いブレスレット、ネックレスの重ねづけ。

坤宮のお守り言葉

いつの日かお宝発掘！

地道な修業を続ける才能を
手放さないで。

兌宮《だきゅう》

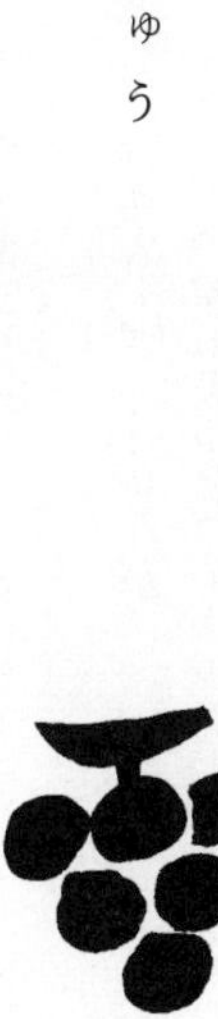

あなたの強みは好きなことはとことん追求する能力と、難しいことも楽しみながらする才能で、弱点はほろ酔いのようないい加減さです。「まじめと面白さ」により磨きをかけるのが開運のポイントで、次の方法を実践してください。

大切にする方位と季節

◆守るべき聖域

あなたの宮は「西」の方位を司っていますので、この方位を清潔に保つよう心がけてください。自分の部屋の西の場所を聖域として、ゴミを置かない、埃をためない。

とくに3月生まれの兌宮は、心をこめてきれいにしましょう。

◆大切な月

あなたの宮には、秋の「9月」が割り当てられています。この時期を修行期間と思って、怒ったり裏切り行為などで自分の心を汚さないよう気をつけ、丁寧に過ごしましょう。

開運行動

盛りだくさんのゲームや講演、屋台、演芸などの催し物がある学園祭や遊園地、地域のお祭りに積極的に参加してください。兌宮が本来持っている「ハレ」の部分と共鳴して、面白さの発見に磨きがかかります。

また、喜怒哀楽の要素がてんこ盛りにされている芝居や演劇を見ると、あなたの万華鏡のような好奇心が満たされて、好きなことに邁進《まいしん》するスピードが加速されます。

ラッキーな場所は、温泉、湖沼や池、プールなど溜まり水があるところで、遊び心が揺さぶられてエネルギーが湧いてきます。

ラッキーな食べ物は、甘酒、ココア、ポタージュスープ、しょうが。

ラッキーグッズは、桃色珊瑚がついたストラップ、鈴の入ったキーホルダー、小さな赤い扇子、ステンドグラスの宝石箱。

吉数は、7。
ラッキーカラーは、ピンク、金色です。

おしゃれ

◆開運メイク

兌宮の化粧のポイントは「唇」にあります。唇は愛情、金運、健康運をあらわします。笑うと唇の両端（口角）が上がって福顔に、怒りや悲しみで口がへの字型になると不平顔になります。喜怒哀楽は口の形にもっともよくあらわれ、これを「動の姿」といい、容易に幸運顔に変えることができて、開運効果が早く出るところです。

理想的な唇の形は、わずかに笑みを含み、上唇と下唇の厚さの比率が3対4、または4対5です。鏡に映して、口角が自然に上がるよう微笑む練習をしてください。

積極的に愛を与えたいなら上唇を厚めに、愛されたいなら下唇が厚めになるよう口紅で輪郭を補正し、唇の中央にグロスで輝きを与えましょう。口を開けている癖がある人は、散財の相ですから注意してください。

◆装いのポイント

年齢なりの「可愛い感じ」をイメージして、楽しい色と柄を用いましょう。アクセサリーの似合う人ですから、形も大きさも素材もいろいろな種類を数多くそろえてコーディネイトを楽しんでください。

また、服に使う色数は多くても、お花畑のようにさまざまな色が混じっていてもいいのですが、バッグや靴、雨の日は傘も含めて、頭から足先まで全体として一つのトーンにまとまっているように色のハーモニーを工夫し、センスを磨いてください。

吉パターンは、花柄、アイヌ文様などその文化独特のパターン。素材は問いません。

吉アクセサリーは、ペーズリー（勾玉《まがたま》）模様のハンカチまたは小判スカーフ、黒と金色のチョーカー。貴金属ならゴールドが合います。

兌宮のお守り言葉

天はいつでも私の味方

その明るさを伸ばしていくと、
幸せの天使が
静かに近づいてくるでしょう。

乾宮

けんきゅう

あなたの強みは表裏ない人柄と、ダイヤモンドを磨くように完全を求める意志です。弱点は堅いイメージを与えやすいことです。次の開運法を実践して「温かい笑顔」を身につけ、幸せの福袋を手に入れてください。

大切にする方位と季節

◆守るべき聖域

あなたの宮は「西北」の方位を与えられていますので、この方位を清潔に保つよう心がけてください。自分の部屋の西北の場所を聖域として、ゴミを置かない、埃をためない。

とくに1月、4月、5月生まれの乾宮は、天から力をいただくつもりで念を入れてきれいにしましょう。

◆大切な月

あなたの宮には、秋から初冬にかけての「10月と11月」が割り当てられています。この時期を修行期間と思って、怒ったり裏切り行為などで自分の心を汚さないよう、祈る気持ちで過ごしてください。

開運行動

西北の方位は「乾《いぬい》」といって大切なものをしまう場所で、この方位の場所に金庫を置き、重要書類を保管すると財運が守られます。

白銀があなたを招いています。ぜひ雪国へ出かけてください。氷祭り、雪祭り、スキー場のゲレンデ、樹氷見学などは丸ごとあなたの世界で、気持ちが大らかになり、日々の忙しい中にもゆとりとユーモアが生まれます。

また車関係のショーに行くとモーターの強さとスピードを、スポーツ観戦に競技場へ行くと選手の全力ファイトの元気をもらうことができます。日々、運を新しくする開運行動は、入浴時に足首から先を丁寧に洗うこと。

ラッキーな場所は、大きな神社、あるいは触れたくなるような御神木や岩で、産土《うぶすな》的な場所の意味がありますので、心のふるさとにしましょう。
ラッキーな食べ物は、自宅から西北の方位の産地でとれた新米、マスクメロン。
ラッキーグッズは、プラチナ色の丸型の腕時計、持ち手が金属の傘、七宝焼きの手鏡。
吉数は、6。
ラッキーカラーは、白、銀、プラチナ色です。

おしゃれ

◆開運メイク

乾宮の化粧のポイントは「ひたい」にあります。ひたいは、知性、両親、裁判、旅行などをあらわします。

ひたいのもっとも上部の髪の生え際近くを「天中《てんちゅう》」といい、自分と天を結ぶ場所で、天の加護をあらわしますので明るく輝いているのがベストです。

積極的にしたい日はひたいを出して、ひたいの中心部にゴールドか黄色、パール系のパウダーを一刷毛する。静かに過ごしたい日は前髪を下ろしてください。ひたいを隠している場合でも、天恵を得られるようパウダーは忘れず刷《は》きましょう。

髪の生え際がぎざぎざ（参差《しんし》といいます）で波打っているように見えるのは反抗心を秘めている相ですから、フリーの人には吉でも、組織で働いている人は生え際を剃《そ》ってそろえるか、前髪を少し下ろすと開運になります。

◆**装いのポイント**

「洗練」されたおしゃれがカギで、二つの方向があります。一つはブランド志向、もう一つはゴルフやテニス、乗馬などの、しゃれた感覚のスポーツウェアを上手にアレンジして洗練させる。飾り立てる足し算のおしゃれより、引き算のおしゃれでシンプルにしていくほど、乾宮の「高貴さ」が引き立ちます。

吉パターンは、無地、異国情緒の模様。サテンなど光る素材。

吉アクセサリーは、クリスタルのハート型ブローチ、柄なしの光沢のあるストール。貴金属ならプラチナか銀が合います。

乾宮のお守り言葉

自分を回せ！

その歩みを止めないで。
たゆまず動けば、
運勢もフル回転し始めます。

中宮

ちゅうきゅう

あなたの強みは四方八方への細やかな気配りです。弱点は強引になりがちなのと、気配りをしすぎるあまり八方ふさがりを感じることです。「上手にリラックス」すると、運が滞りなく進みます。スムーズに回転していくよう、次の開運法を実践してください。

大切にする方位と季節

◆守るべき聖域

あなたには「中央」が与えられています。自分の部屋の中央の場所を聖域として、清潔を保ってください。ゴミを置かないよう、埃をためておかないよう掃除をしましょう。

とくに8月生まれの中宮は、より念を入れてきれいにしてください。

◆大切な月

中宮には「土用」の時期が割り当てられています。土用とは、冬から春へ、春から夏、夏から秋、秋から冬へ、という季節の変わり目の18日間を言います。つまり季節が変わるのに18日間かかり、移行期はすべてにおいて不安定ですから、修行期間と思って、怒ったり裏切り行為などで自分の心を汚さないよう、丁寧に過ごしてください。

年によって土用の日は1日くらい違いますが、おおよそ冬の土用は1月17（または18日、以下同じ）日～2月3（4）日、春の土用は4月16（17）日～5月4（5）日、夏の土用は7月19（20）日～8月6（7）日、秋の土用は10月20（21）日～11月6（7）日です。

開運行動

ゲームをする。それも一人用のゲームより、二人以上でするオセロ、チェスなど。ゲームを通して、物事の全体像や対処方法がよく見えるようになります。

また遺跡、古都の寺院など歴史を探す旅に出かけると、帰宅後も長く心が落ち着く効果が。童謡など歌の舞台になった場所や歌碑が建っているところで写真を撮ると、リラックス効果があります。場の空気が停滞した時には、木製のコマを回してあたりの空気をうずまき状に動かすと、運がリフレッシュします。コマがなければ、自分自身がスカート姿でくるくる回るのでもよいのです。

ラッキーな場所は、ピラミッドのように頂点をもつ建造物、タワー、塔。そこに立つと、気持ちも体も運も、天へ向かってまっすぐに伸びます。

ラッキーな食べ物は、くずきり、はちみつ入りヨーグルト、フルーツポンチ。

ラッキーグッズは、手作りのカレンダー、八色使いの化粧ポーチ。

吉数は、5、末尾0。

ラッキーカラーは、光沢のある、またはラメ入りの黄色、渋い黄色系です。

おしゃれ

◆開運メイク

化粧のポイントは「顔の輪郭」にあります。ヘアバンドやタオルで髪を包み、輪郭を出してから、顔の下半分を引き上げるつもりでマッサージして、あごをすっきりさせてください。

行動力と意志力でがんばりたい日は、顔の輪郭を四角に近づけるイメージで、えら骨(腮骨《しこつ》)に明るいパウダーか、一段階明るいファンデーションをつけて、張った印象にしてください。さらに、前髪を上げてひたいを見せると、積極性がプラスされます。髪型をアレンジして逆三角形の輪郭にすると研究熱心になり、知的な気が出ます。人気や愛情面を強調したいなら、ほおにチークを刷き、イヤリングをつけ、前髪は一部下ろして横をふわりとさせる髪型にして、丸い輪郭を印象づけましょう。

◆装いのポイント

「気品」があなたのイメージです。にぎやかにロゴがおどるような、一見してブランドとわかる品は不似合いです。しっとりした高級感があり、上質な肌触りのものを選んでください。襟高ブラウスの中にネックレスがちらと見える、上着を脱いだらブローチが見えるなど、奥ゆかしいアクセサリー使いを。

吉パターンは、幾何学模様、リバーシブルやゴブラン織りなど凝った織り。ウール、木綿素材。

吉アクセサリーは、うずまき状のブローチ。

中宮のお守り言葉

私はマグマ

自分こそが周囲を熱くする動力。
あきらめるわけにはいきません。

おわりに

何千年も昔に、すでに人は亀の甲羅を焼いて占っていました。現在も、そしてこれからも占いが消えてしまうことは決してありません。なぜなら生活のあらゆる場面で具体的なアドバイスをすることができ、人に希望を与えることができるからです。

あなたが迷った時、この本が羅針盤《らしんばん》の役目をし、ガイド役になって明るい道へ導くことができましたら嬉しく思います。たとえ出口がない、どうにもならないように感じてもあきらめないでください。かならず対処・解決法は見つかります。

この本には、私が長い間かかわっている『易経』のエッセンスがちりばめられています。『易経』には天地創造から、父と母、子どもの誕生、学問、恋と革命、結婚と仕事、旅や遊び、芸能、社会、戦争、自然災害、病気や死、復活など、人生のあらゆる場面が陰と陽、プラスとマイナスに還元されて描かれています。

『易経』は〝未済《びせい》（未完）〟の章で終わります。最後から二番目に〝既済《きせい》（完結）〟の章があります。完成した、終わったと思ってもそれは新しい一歩の始まりになるから、たとえ失敗しても人生はやり直しができると、この書は私たちを励ましています。成功した人には初心に戻って次へ飛躍しなさいと背中を押しています。

この本も、これで終わるのではありません。次のページからあなたの新しい明日が始まります。よりよい一歩を踏み出していただけますよう心から願っています。

中津川流・傾斜宮占いは、女性誌『婦人公論』から生まれました。当時の担当者でした打田いづみさんからお話をいただき、本を書くチャンスに恵まれました。

さらに、『婦人公論』が誕生して百周年、記念の年に文庫化されることに感謝いたします。

二〇一六年秋

中津川りえ

『保存版・幸運ガイドブック　傾斜宮占い入門』
二〇一〇年三月　中央公論新社刊に加筆、改題

中公文庫

幸《しあわ》せガイドブック
傾斜宮《けいしゃきゅう》占《うらな》い

2016年12月25日　初版発行

著　者　中津川《なかつがわ》りえ

発行者　大橋 善光

発行所　中央公論新社
〒100-8152　東京都千代田区大手町1-7-1
電話　販売 03-5299-1730　編集 03-5299-1890
URL http://www.chuko.co.jp/

DTP　平面惑星
印　刷　三晃印刷
製　本　小泉製本

Published by CHUOKORON-SHINSHA, INC.
Printed in Japan　ISBN978-4-12-206335-8 C1176

定価はカバーに表示してあります。落丁本・乱丁本はお手数ですが小社販売部宛お送り下さい。送料小社負担にてお取り替えいたします。

中公文庫既刊より

各書目の下段の数字はISBNコードです。978-4-12が省略してあります。

は-45-2

強運な女になる

林　真理子

大人になってモテる強い女になる。そんな人生ってカッコいいではないか。強くなることの犠牲を払ってきた女だけがオーラを持てる。応援エッセイ。

203609-3

か-81-3

安心毛布

川上未映子

ふつうに人生を生きてゆくことが相も変わらぬ椿事――妊娠・出産・子育てと、日常に訪れた疾風怒濤の変化を綴る日記的エッセイ三部作、ついに完結。

206240-5

た-28-15

ひよこのひとりごと　残るたのしみ

田辺　聖子

他人はエライが自分もエライ。人生はその日その日の出来心――七十を迎えた「人生の達人」おせいさんが、年を重ねる愉しさ、味わい深さを綴るエッセイ集。

205174-4

あ-60-2

空耳アワワ

阿川佐和子

喜喜怒楽楽、ときどき哀。オンナの現実胸に秘め、懲りないアガワが今日も行く！　読めば吹き出す痛快無比の「ごめんあそばせ」エッセイ。

205003-7

か-57-6

これでよろしくて？

川上　弘美

主婦の菜月は女たちの奇妙な会合に誘われて……夫婦、嫁姑、同僚。人との関わりに戸惑いを覚える貴女に好適。コミカルで奥深いガールズトーク小説。

205703-6

か-61-4

月と雷

角田　光代

幼い頃暮らしをともにした見知らぬ女と男の子。再び現れたふたりを前に、泰子の今のしあわせが揺らいで……偶然がもたらす人生の変転を描く長編小説。

206120-0

い-110-2

なにたべた？　伊藤比呂美＋枝元なほみ往復書簡

伊藤比呂美
枝元なほみ

詩人は二つの家庭を抱え、料理研究家は二人の男の間で揺れながら、どこへ行っても料理をつくっていた。二十年来の親友が交わす、おいしい往復書簡。

205431-8